Karsten Witte

Die Körper des Ketzers
Pier Paolo Pasolini

Mit einem einleitenden Essay von Rudi Thiessen
Aus dem Nachlaß herausgegeben von Rainer Herrn

Traversen 4

Vorwerk 8

Bildnachweis

S. 2 : P. P. Pasolini bei Dreharbeiten zu *Mamma Roma*
S. 175: *Große Vögel, kleine Vögel*

Der Verlag dankt der Stiftung Deutsche Kinemathek
für die freundliche Druckerlaubnis.

Die Deutsche Bibliothek - CIP-Einheitsaufnahme

Witte, Karsten:
Die Körper des Ketzers : Pier Paolo Pasolini / Karsten Witte.
Mit einem Vorw. von Rudi Thiessen. Aus dem Nachlaß hrsg.
von Rainer Herrn. - Berlin : Vorwerk 8, 1998
    (Traversen ; Bd. 4)
    ISBN 3-930916-10-X

Die Reihe *Traversen* wird herausgegeben von Hermann Kappelhoff

© 1998 Verlag Vorwerk 8, Berlin
Traversen Band 4
Umschlagentwurf, Typographie und Satz:
Michael Roggemann (osthafen-DESIGN), Berlin
Herstellung: Oktoberdruck, Berlin

ISBN 3-930916-10-X

Inhalt

Die Faszination der Dissidenz *von Rudi Thiessen* ... 7
Erotische und unmoralische Geschichten 14
Ketzer und Kapuziner. Pier Paolo Pasolinis
»Freibeuterschriften« 17
Siciliano über Pasolini 23
Akte der Selbstverletzung. Pier Paolo Pasolinis
»Ketzererfahrungen« 26
Pier Paolo Pasolini: »Chaos. Gegen den Terror« 33
Unter Leidensgenossen. Wieder im Kino:
Pier Paolo Pasolinis erster Film *Accattone* 39
Pasolini – der Traum von einer bösen Sache 44
Das Erfinden einer neuen Schönheit.
Pasolini – Körper/Orte 54
Jungmänneridyll. Pasolinis Nachlaßerzählung
»Amado Mio« 76
Uccellacci e uccellini oder »Pasolinis
Zauberflöte« 80
Der vierunddreißigste Prozeß. Houchang
Allahyaris Film *Pasolini inszeniert seinen Tod*:
Mythologisierung, Kitsch, Gewalt 86
Elegie der Verlierer. *Mamma Roma* von
Pier Paolo Pasolini, mit Anna Magnani 92
Pasolinis Werk, Pasolinis Tod 95
Zur Uraufführung der Oper »Pier Paolo«
von Walter Haupt 102
Kennwort »Pasolini«. Ein Dialog zwischen
Gert Mattenklott und Karsten Witte 106
Die Kosmogonie eines Autors. *La rabbia* von
Pier Paolo Pasolini 131
Spiele vom Toten Mann. Pasolinis
»Ragazzi di vita« erstmals in deutscher
Übersetzung 143

Nico Naldini. Schriftsteller, Biograph,
  Herausgeber 151
Den Schriftkörper lesen. Pier Paolo Pasolini:
  Seine Briefe und eine neue Biographie 156
Pier Paolo Pasolini: »Das Herz der Vernunft« 162
Öl ins Feuer. Pasolinis »Petrolio«. Eine Notiz 166

Editorisches Nachwort *von Rainer Herrn* 176
Nachweis der Erstveröffentlichungen 179

Rudi Thiessen
Die Faszination der Dissidenz

Wer »Die Körper des Ketzers« liest, dem wird ein Riß auffallen, der den ersten Text von allen späteren scheidet. Der Text des Dreißigjährigen ist noch erfüllt von der tiefen Sicherheit der Jugend, der Autor präsentiert sich uns als gutes Kind der Frankfurter Schule. Da wird nicht nur die »Trilogie des Lebens« in kurz hingeworfenem, abwehrenden Gestus zum »Glanzpapiertraum« (ein Wort, das wohl auch Adorno passend gefunden hätte), sondern *Teorema* zu »religiösem Kunstgewerbe, marxistisch aufgeschminkt«. Wenn Karsten Witte später auf die »Trilogie des Lebens« zu sprechen kommt, unterläßt er den Hinweis nie, daß Pasolini sie widerrufen habe, und das Urteil über *Teorema* würde sich schon von der Diktion in keine der späteren Schriften fügen. Die sind anders gestimmt, von einem anderen Geist durchweht. Sie sind geradezu beseelt von der Faszination, die Pasolinis Intelligenz ständig erneuerter Unsicherheit abstrahlt. Daß die jeweils neuen oder erneuerten Standpunkte im Gestus höchster Souveränität und sprachlicher Sicherheit eingenommen werden, ändert an ihrem prinzipiell transitorischen Charakter gar nichts. Der ist strukturell bedingt. Wie immer man im Ganzen über *Teorema* urteilen mag, gerade dieser Film und dieses Buch stehen dafür ein: Pasolini war Katholik und Kommunist. Und daß er der Ketzer zweier Kirchen geworden war (und gleichzeitig blieb), darin eben gründet seine unvergleichliche, von Witte so häufig gerühmte, Kraft der Einmischung. Diese machte ihn zum öffentlichen Gewissen seiner Nation, die dieses seit seinem Tod so schmerzlich vermißt, machte ihn zu einem Intellektuellen von Rang, wie ihn die Bundesrepublik Deutschland nie hatte.

Man möge das nicht mißverstehen. Jener kleine, frühe Text, der einzige noch zu Lebzeiten des leibhaftigen Skandalons geschriebene, atmet nicht deshalb einen anderen Geist, weil zwischen ihn und die späteren der grauenhafte Tod des Künstlers getreten ist. Karsten Wittes intellektuelle Strenge würde es sich nie erlauben, sich das Urteil durch Ereignisse mildern zu lassen, die nichts mit dem Werk zu tun haben. Mehr noch in diesem Fall: Witte hat jedweden Versuch, den Tod Pasolinis ins Leben und Werk zu integrieren, sei's als Preis, Folge oder Inszenierung, als schändliche geistige Mittäterschaft verachtet.

Karsten Wittes durchaus enthusiastische Bewunderung gründet ganz und gar in einem Werk, das starke Echos in Geist und Körper gebildet haben muß. Pasolini selbst hatte sich einen empirischen Häretiker genannt – und das ist ein sehr bedeutender Hinweis darauf, wie sein Ketzertum zu verstehen sei. Ketzer könnte sich notfalls jemand nennen, der sich selbst für einen Ungläubigen hält. Ein Häretiker dagegen ist immer ein unbedingt Gläubiger, so fest und leidenschaftlich in seinem Glauben, daß er sogar den Konflikt mit seiner Kirche in Kauf nimmt, wenn er sie auf dem falschen Weg wähnt. Aus diesem Glauben in Dissidenz zehrt die Verve von Pasolinis Opposition in der Opposition. Es war ja sein Beichtvater, der das Beichtgeheimnis brach und den jungen Lehrer und kommunistischen Parteisekretär bei den italienischen Christdemokraten anschwärzte. Nur wer ein Bewußtsein von Sünde hat, die Institution der Beichte anerkennt, an ihre entsühnende und vergebende Macht glaubt, beichtet. Und es war die kommunistische Partei, die ihren Sekretär wegen unwürdigen Verhaltens aus der Partei ausschloß und damit weit über die Grenzen Friauls hinaus, ja in nationalem Maßstab brandmarkte. Der gesamte intellektuelle und künstlerische Diskurs spielte sich in Italien in der kommunistischen Partei ab, und so trifft der Verrat der Kirche und der Ausschluß der Partei die ganze Existenz. Und in einem Brief an Elsa Morante formuliert er die Entscheidung, die sein künftiges Leben bestimmen sollte, die ihn zum dauerhaften, leibhaftigen Stein des Anstoßes werden ließ: den Skandal namhaft machen, der er ist: daß das eigene Leben ein Skandal ist. Pasolini bekennt sich: zur Homosexualität – und, Partei hin oder her, zum Kommunismus. Aber er ist nicht nur: Homosexueller und Kommunist. Er ist: katholischer Homosexueller und katholischer Kommunist. Mehr noch: er liebt die Sprache des Volkes, und er ist Dichter. Deshalb haßt er die italienische Avantgarde des zwanzigsten Jahrhunderts, die modernistisch mit der Sprache des Volkes nichts im Sinn hat. Also ist er: ein katholischer, homosexueller, kommunistischer, antimodernistischer, avantgardistischer Poet. Ein Poet der Einmischung, der die Rationalität des Handgemenges liebt. Deshalb auch ist er ein Poet, der sich der Kolumne bedient, in Massenblättern sich entblößt. Ein Intellektueller, der schreibt und filmt, nachdem seine Existenzbedingung schlechthin – am richtigen Ort zu sein – verschwunden ist. Dieser Ort konnte für ihn nur die kommunistische Partei sein.

Daß er seinen Ort verloren hatte, weckte zuweilen den Eindruck, daß er Lust am Scheitern, am Verlieren, am Untergehen habe. Eine ganze Pasolini-Rezeption ist fasziniert von der Faszination des Scheiterns. Karsten Witte nicht. Wo andere Pasolini scheitern sehen, faszinieren ihn die immer neuen Anfänge und Versuche. Daß dieser sich immer wieder, ja notorisch, auf verlorenen Positionen einmischt, sollte man wirklich nicht psychologisieren. Man gerät sonst in Gefahr, daß die Alternative zur Lust am Scheitern die schmähliche Option ist, immer auf Seiten der Sieger zu stehen.

Die Modernisierung Italiens bringt unentwegt Wirklichkeiten zum Verschwinden, die ihm liebenswert sind.

Teile des Landes werden zur Dritten Welt, an die Stelle der Armut, die ihren Stolz haben kann, tritt das Elend, zauberische Flußlandschaften werden zu Industriebrachen.

Alles begann mit dem Verschwinden der Glühwürmchen überm Fluß. Als sie verschwunden waren, hatte sich der breite Fluß, in dem die Kinder gebadet hatten, in ein schmutziges Rinnsal verwandelt, und der Geruch der Gräser, Blumen und Kräuter war entfleucht. Aber auch das Lachen des Bäckerjungen war nicht mehr zu hören, und gemeinsam mit ihm verschwand die archaische Sexualität. Pasolini suchte sie dann in den Vorstädten, diesen Exilen der Jungen vom Land, und er fand sie verwandelt in eine Ware.

Die Beobachtung jener anthropologischen Mutation, die im Italien seiner Zeit stattgefunden habe und die historische, regionale, ökologische Vielfalt vernichtete, führt zu seiner radikalen Kritik des Konsumismus. Indem dies jedoch zugleich als Amerikanisierung wahrgenommen wird, erzeugt es einen blinden Fleck, der die Kritik etwas stumpf macht. In den USA nämlich wird jene invisible Republic, jenes immerwährende andere Amerika, das zugleich traditionalistisch, fundamentaldemokratisch und rural ist, ständig bedroht durch Modernisierung, Kommerzialisierung, erzwungener Mobilität – und dann doch immer und immer wieder gerettet. Von den Archivaren des frühen Blues über die »Anthologie« von Harry Smith bis zur »World Gone Wrong« von Bob Dylan. Pasolini suchte Motive solcher Rettung in den regionalen Dialekten und im Jargon der »ragazzi di vita«. Vielleicht jedoch sind diese nur zu haben, wenn sublimiert wurde, wenn sie verwandelt wurden in durchgearbeitete Artefakte. Und so begegnet ihnen Karsten Witte: im Werk Pasolinis.

Die große Traurigkeit, die Flaubert ergriff, wenn er an den Untergang Karthagos dachte, erfüllt auch Pasolini.

Das versteht Witte, und er bietet übersetzend den Begriff der Ungleichzeitigkeit an. Es gibt in unserer Sprache und Tradition keinen treffenderen. Aber man würde Witte mißverstehen, verbände man damit gleich das ganze Arsenal der Blochschen Philosophie. Der »Geist der Utopie«, das »Prinzip Hoffnung« imprägnieren diese mit so unerschütterlichem historischen Optimismus, der nichts verloren geben kann, daß in die Wahrnehmung desselben Sachverhalts eine Differenz ums Ganze tritt. Pasolini sucht die Ungleichzeitigkeiten literarisch und linguistisch auf, aber auch zu Fuß. Oft sieht man ihn in seinen Texten durch untergegangene oder untergehende Kulturen gehen, und aus jeder Pore des Körpers des Ketzers scheinen – wie Witte sagt – Antennen zu ragen, die Signale aus Geschichte, Gegenwart und Zukunft empfangen. Es wird verschwunden sein. Er will aufhalten, er sitzt nicht mehr im Zug des unaufhaltsamen Fortschritts, oder – mit einem berühmten Wort Walter Benjamins – weiß er: die Revolution wäre der Griff zur Notbremse. So versucht er gar, die katholische Kirche zu Rom, die von den Herrschenden nicht mehr gebraucht wird, ins Bündnis zu nehmen, indem er ihr ernsthaft Ratschläge gibt, um sie von ihrem Selbstmord abzuhalten. Auch wenn die Kardinäle und der Papst nicht zugehört, wenn sie es als Polemik zurückgewiesen haben, so war der Rat doch Pasolinis voller Ernst.

Bei Pasolini von Körperdenken zu sprechen, wäre keine modische Metapher. Und er denkt schnell. Der Plural seines Ichs, diese Versammlung von Unvereinbarkeiten, unvereinbar auch mit sich selbst, erzwingt diese Freibeuterbeweglichkeit, immer schon woanders zu sein, den Gegner ins Leere schießen zu lassen – aber auch für die potentiellen Bundesgenossen nicht mehr erreichbar zu sein. Heute Pasolini zu lesen, ist eine große Belehrung über das Verhältnis zwischen wahrer Aktualität und bloß aktueller Aufgeregtheit. Ich muß mich schon mühsam erinnern, um die Empörung, die Pasolinis Argumente gegen die Form der Abtreibungsdebatte ausgelöst hatten, noch zu verstehen. Ganz leicht jedoch fällt es mir, ihren tief humanistischen Kern zu begreifen. Und ich glaube, ich teile mit ihm und Karsten Witte die Unfähigkeit, mich von jedwedem Antihumanismus, und sei er auch nur theoretisch, faszinieren zu lassen.

Leben und Werk, das hat Ezra Pound so apodiktisch wie gültig deklariert, sind zwei verschiedene Dinge. Das Leben ist Stoff für einen möglichen, jedenfalls anderen Roman. Der wurde über Pasolini dann auch unglücklicherweise geschrieben. Daraus ist zu lernen: auch Pasolini, dessen Werk so eng mit seinem Leben verknüpft scheint, hätte den Respekt verdient, diese Trennung zu achten. Karsten Witte auch. Er war weder Katholik noch Kommunist. Ein Homosexueller, der als Kritiker, Linker und Poet ein Kind der leidenschaftlich leidenschaftslosen Frankfurter Schule war. Daran wird er irre. Und also schreibt er sich an Pasolini heran.

Ich saß nur zweimal in meinem Leben so gebannt im Kinosessel, daß ich aufstehen mußte. In der Vorführung von Andrej Tarkowskijs *Andrej Rubljow* und in der von Pasolinis *La rabbia*. Das hat miteinander zu tun: Pasolinis Zorn gilt dem Verschwinden der Gründe für Tarkowskis Utopie. Ich glaube, das hat Witte verstanden und für uns, geistig phlegmatische Deutsche übersetzt. Tarkowski und Pasolini stehen für eine Leidenschaft im Denken, das deutsch nur in rechten Variationen, in Bocksgesängen vertraut ist. Die deutsche Linke ist leidenschaftslos. Der diskrete Witte suchte hier einen Spalt in der Tür zum Raum leidenschaftlicher Vernunft zu öffnen. Dafür stehen die Texte.

Erotische und unmoralische Geschichten

Wenn die alte Unterscheidung (von Adorno und Horkheimer) taugt, nach der Kunstwerke »asketisch und schamlos«, die Kulturindustrie dagegen »pornographisch und prüde« sei,[1] ist diese Zuordnung übertragbar. Die harte Ware Sexualität, die täglich in den Kinos der Kaiserstraße verfüttert wird, ist zwar pornographisch, aber prüde. Die weiche Ware der Filmkunst um die Hauptwache scheint asketisch, aber schamlos. Es laufen dort derzeit zwei Filme, die sich auf den ersten Blick wie ein Edelporno aus Klassik, Sex und Seide ausnehmen. Zu prüfen ist das am Film von Pasolini *Erotische Geschichten aus 1001 Nacht,* mit dem der Regisseur seinen Zyklus erotischer Weltliteratur nach dem *Il Decameron* und den *Canterbury Tales* erfolgreich, aber auch langweilig beschließt. Kaum erinnert man sich an die Zeit, in der Pasolini durch genaue Sozialporträts der Unterschicht aus der römischen Vorstadt auffiel, bevor er sich seit *Teorema* dem religiösen Kunstgewerbe, marxistisch aufgeschminkt, verschrieb.

Die literarische Novelle ist eine schwierige Erzählform, die der Film leichtfertig in Episoden auflöst. Er wählt nur die »Geschichten aus 1001 Nacht«, in denen ein erotisches Versprechen steckt. Das grausame Motiv der Vorlage, das aus einer Herrscherlaune die Erzählerin zur Phantasie verurteilt, ist vergessen. Der Regisseur sitzt sozusagen selbst auf dem Markt und hält seine Nacherzählung feil.

Wie die Puppe aus der Puppe steigt eine Episode aus der anderen empor. Zwei junge Liebende werden binnen kurzem bitter getrennt. Sie wird verschleppt, entkommt und wird Königin einer fremden Stadt. Er irrt auf jeder Spur ihr nach, verliert sich unterwegs in Rauf- und

Liebeshändel und wird nach abenteuerlichen Reisen letztendlich mit der Geliebten vereint.

Man kennt das alte Lied – Liebende werden der Prüfung unterworfen; neu ist, daß es bei Pasolini zum Seitenthema wird. Er verfolgt nur die Spur, auf der er seinen Schauplätzen einen sinnlichen Schauwert abgewinnt. An jedem Drehort, sei es im Vorderen Orient oder gar im fernen Nepal, wird der exotischen Prachtentfaltung von Palästen und Kostümen nachgelaufen. Die Augenerotik des Regisseurs erlaubt nur den flüchtigen Reiz der Vorlust. Sie gleicht dem Blick des Sklavenhalters, der die Frau als Dienerin seiner Lust ansieht und den männlichen Körper als Wunschtraum des eigenen Narzißmus verklärt. Unsere Sehnsucht nach Sinnenlust und Luxus, nach ungesehenen Farben und Städten, die aus dem Triebsand unserer Phantasie erstehen, wird durch Pasolinis Film nicht wachgerufen, höchstens wachgehalten, durch die Spiegelung der schönen Bilder, die wie ein Reisekatalog alle Gefahr durch folgenlose Verführung wegzaubert.

Die Gefahr, die von Borowczyks *Unmoralischen Geschichten* (F. 1973) ausgeht, scheint dagegen größer. So groß, daß sich der Kultursenator von Berlin vor der Aufführung bei den Kirchen entschuldigte.[2] Was trieb ihn dazu, die Entrüstung abzuwenden? Wie schon frühere Filme des Regisseurs stellen die *Unmoralischen Geschichten* den provozierenden Zusammenhang von Terror, Liebe und Ästhetik dar. Borowczyk zeigt, daß alle drei Gewalten asketisch und schamlos sind. Sein beherrschendes Thema ist die terroristische Liebe, seine Ästhetik ist der Terror, der allerdings nicht als Gruselkabinett inszeniert, sondern von den allerstrengsten Ansprüchen an Dekor, Kamera und Arrangement der Szene getragen wird.

Es wäre sinnlos, den Inhalt des Films auf einen Katalog seiner sexuellen Perversionen einzufrieren. Unmoralisch heißt, in dem Sinn, wie der in Frankreich gedrehte Film verstanden werden muß, nicht die Verketzerung des Moralisten. Man erinnert sich, daß die Filme von Eric Rohmer *Moralische Geschichten* heißen und deshalb nicht gerade einen Tugendkatalog des Bürgertums erstellen. Borowczyks Filmerotik macht den Zuschauer, im Gegensatz zu Pasolinis Glanzpapiertraum, betroffen, weil er hier die Normabweichung als Verstörung erfährt.

1 *Max Horkheimer und Theodor W. Adorno: Dialektik der Aufklärung,* Amsterdam: Querido *1947, S. 167.*
2 Vgl. dazu FRANKFURTER RUNDSCHAU vom 24.9.1974.

Ketzer und Kapuziner
Pier Paolo Pasolinis »Freibeuterschriften«

Piraten schreiben nicht, sie diktieren nur ihr Testament, das die Beute verteilt. Sie kämpfen, bis an die Zähne bewaffnet, unter der schwarzen Flagge der Anarchie: »Tod oder Freiheit!« nach allen Seiten. Sie fechten mit leichten Säbeln und blendend nackten Oberkörpern. Ihr Handeln ist federnd und, noch im Grauen, lustbetont.

Wenn Pasolini seiner Sammlung glänzender Polemiken den Titel »Freibeuterschriften«[1] gab, griff er zur Stilisierung einer Rolle, die ihm nahekam. Wer wie er litt an seiner Zeit, die ihn verfolgte und umzingelte, mußte sich zur Wehr setzen und in diesem Kampf mit heroischem Gestus auftreten. So wie er in seinen Filmen die jungen Männer bevorzugt als Sklaven, als Soldaten, als Objekte der Lust und der Überwachung stilisierte, die ihren Oberkörper einer feindlichen Welt, als sei er unverwundbar, entgegenwerfen, so ungeschützt trat Pasolini schließlich selber auf: Als Ketzer, der sein Leben lang gegen die KPI wie die katholische Kirche kämpfte, der seinen Glaubenskampf aus dem überdimensionierten Protestmotiv führte, die Dogmatiker am Ende der Irrlehre zu überführen; als Mahner, der dem italienischen Volk, das sich durch den Konsumismus verführen läßt, die Leviten liest. In diesem Sinne wirkte Pasolini wie ein Volksmissionar, ein Kapuziner, der zur Umkehr ruft, der »Armut, nicht Elend«[2] predigt.

Ein militantes Leben und ein grauenhafter Tod, der das schlechte Gewissen einer Nation erschlug und den Toten noch überfuhr. Ein konsequentes Ende, sagten die Rechten, ein tragisches Ende, sagten die Linken, und doch waren alle, jenseits der kollektiven Betroffenheit, erleichtert, daß mit Pasolini das permanente Skandalon begraben wurde. Mit jedem Aufruf, jedem Leitartikel, den dieser Schriftsteller und Filmemacher, dieser eminente Philologe und Ethnograph der binnenitalienischen Randkulturen, auf der ersten Seite der großen Tageszeitungen schrieb, bezog er Stellung, und das hieß: kompromißlose Gegenstellung zur herrschenden Meinung.»...viele, denen es an der mannhaften und rationalen Fähigkeit zur Einsicht mangelt, werden mir vorhalten, mein Beitrag sei subjektiv, persönlich, minoritär. Na und?«[3]

Als Alfred Andersch ihn zehn Jahre vor diesem Artikel, 1963, in einem römischen Café traf, war Pasolini für ihn »ein scharfer böser Junge mit einem kleinen braunen Gesicht hinter einer schwarzen Hornbrille, ein junger Uhu, ein nächtlicher Raubvogel, in allen Künsten des Erschreckens geübt. Man hat ihn gerade zu vier Monaten Gefängnis verurteilt, wegen seines blasphemischen Angriffs auf...«[4], und hier könnte man fortfahren: das sittliche Empfinden, die Normalität, das Juste-Milieu, die Selbstgerechtigkeit der Kirche und der Kommunisten, deren allererster historischer Kompromiß darin bestanden hatte, Pasolini wegen seiner manifesten Homosexualität öffentlich zu denunzieren (von der Kanzel) und von der Arbeit als Lehrer wie als Parteisekretär auszuschließen. Hier erklärt sich Pasolini gegen den »compromesso storico« der kommunistischen Regierungsbeteiligung, gegen die Uniformität des Fernsehens, gegen die Schein-Toleranz, gegen den Hedonismus (nicht schlechthin, sondern die hedonistische Spielart, mit der sich Konsumismus durchsetzt) mit einer unverschämten Brisanz und einer fiebernden Verve, die Marcuses Thesen vom Campus auf den Marktplatz trägt.

Pasolinis zentrale Diagnose für Italien, die in abgewandelter, doch nie zur Stumpfheit verschliffener Form immer wieder sich durch seine Texte zieht, lautet: »Die vom Pragmatismus der neuen Herrschaft geforderte ›Entwicklung‹ hat so etwas wie eine neue geschichtliche Epoche eingeleitet, die in wenigen Jahren das gesamte Leben in Italien radikal ›transformiert‹ hat. Dieser ›qualitative‹ Sprung betrifft also sowohl die Faschisten als auch die Antifaschisten; denn es handelt sich um den Übergang einer Kultur, bestehend aus Analphabetismus (des Volks) und abgehaltertem Humanismus (der Mittelschichten), verbunden durch eine archaische Ordnung, zum modernen System der ›Massenkultur‹. Genau besehen eine ungeheure Angelegenheit: ein Phänomen – ich bestehe darauf – von anthropologischer ›Mutation‹.«[5]

Indem sich Pasolini von den Begriffen ›Entwicklung‹, ›qualitativer Sprung‹ und ›Massenkultur‹ distanzierend abhebt, gibt er das Ziel seiner Polemik preis und macht die Gegenrechnung, die Bilanz der Verluste, auf. Entwicklung ohne Fortschritt, Fetischisierung der Technologie und Massenkultur. Pasolini, der vor seinem literarischen und cineastischen Ruhm mit ausgreifender Beharrlichkeit die Dialektkulturen im Friaul sowie in den römischen Randbezirken erforschte, hat einen genauen Begriff von Volkskultur, die er der neuen Massenkultur amerikanischen Zuschnitts entgegensetzt. Insofern ist der Untertitel der deutschen Ausgabe: »Die Zerstörung der Kultur des Einzelnen durch die Konsumgesellschaft« irreführend, eine verquere Eindeutschung, denn um die Rettung des Individuums und seiner Privatkultur ging es ihm nicht.

Pasolini liefert eine leidenschaftliche Analyse der Klassenumschichtung, die Italien im letzten Jahrzehnt erfaßt. Leidenschaftlich, weil »alle meine ideologischen Diskurse der existenziellen, direkten, konkreten, dramatischen und körperlichen Erfahrung entspringen«[6], wie er in einem (hier nicht übersetzten) Artikel sagt. Für ihn läuft jene Umschichtung auf eine Verbürgerlichung des bäuerlichen und frühindustriellen Italien hinaus, das seinen archaischen Charakter durch die stromlinienförmige Anpassung an die westlich-amerikanische Zivilisation selbst auslöschte. Auf diesem Terrain bewegte sich Pasolini wie ein Ethnograph, der im eigenen Land mit aggressiver Trauer die verbleibenden Zeugnisse der Volkskultur in statu morendi festhält.

Die Eingaben, mit denen Pasolini alle Agenturen des öffentlichen Lebens bombardierte, waren nie bloß Streitschriften eines Fachidioten: sie waren stets Appelle eines mit jeder Faser seiner Existenz Betroffenen, der sich das Recht nahm, ohne sich um die Autorität zu scheren, die Selbstbeschränkung, die Humanisierung der ökologisch verseuchten Umwelt (»Von den Glühwürmchen«[7]), das Taktieren einzig im Namen der Frage: wie richtig leben? zu predigen. Insofern war Pasolini, wiewohl er es heftig abstritt, doch ein Moralist, und zwar einer, der die Emphase von Rousseau mit der Schärfe eines Diderot versöhnte.

Pasolini war Kommunist und Homosexueller. Die Kritik hat sich daran gewöhnt, diese Bereiche seiner Aktivität in Denken und Handeln aufzuteilen, um sagen zu können, er war als Kommunist homosexuell. So erklärt man sich, zu schnell, seine Vorlieben für die Ritualisierung von Schönheit und Gewalt, seine Sehnsucht nach einer bäurisch-archaischen Ordnung. Anstatt zu akzeptieren, daß Pasolini als Homosexueller Kommunist war, der den politischen Aspekt der Homosexualität in ihrer klassenunabhängigen Universalität erkannte. Zum Klassenbewußtsein gehört, unabtrennbar, Klassenkenntnis, deren Austausch er in seiner Lebensweise garantiert sah: »Ich habe – leider – diese Italiener einmal geliebt ... Es war eine echte Liebe, die aus meiner ganzen Lebensweise herrührte. Ich habe also ›mit all meinen Sinnen‹ gesehen ...«[8] Aus dieser Sinnlichkeit, die zur Außenwelt

Antennen hatte wie ein Igel Stacheln, resultiert auch ihre Gefährdung, im Kampf nach allen Seiten zu ermüden, im Trotz der Widerrede zu verharren und an den Widersprüchen zu ersticken. Mag sein, daß Pasolini zu viele Handschuhe aufhob, aber gestellt hat er sich jedem Konflikt.

Einige Anmerkungen zur deutschen Ausgabe: Die Aufsätze sind durch die Bank hervorragend übersetzt und von Agathe Haag, die auch ein Nachwort beisteuerte, vorbildlich annotiert, so daß dem Leser noch die entlegenste Anspielung auf politische Konstellationen erhellt wird. Die Ausgabe ist gegenüber dem Original, im Einvernehmen mit dem Verlag Garzanti, gekürzt. Leider ist nirgends gesagt, nach welchem Prinzip. Gewiß wiederholte sich Pasolini oft, aber die spannenden Auseinandersetzungen mit Moravia, mit der Theorie von Ferenczi, mit der Sprachlosigkeit der linken Subkultur, der Stadtethnologie von Neapel (wo er *Il Decameron* drehte) und schließlich der strukturellen Angleichung von deutschem Faschismus und italienischem Neo-Faschismus möchten wir auch lesen. Dringend wäre zu wünschen, der Verlag könnte sich, durch den Erfolg der »Freibeuterschriften« beflügelt, zu einem zweiten Auswahlband entschließen, der zudem die linguistischen und filmsemiotischen Studien aus Pasolinis Essay-Band »Empirismo eretico«[9] (»Ketzerischer Empirismus«) einschließt.

Vorausgesetzt, das außerordentlich wichtige Vorwort von Maria-Antonietta Macciocchi ist identisch mit ihrem Nachruf auf Pasolini, wie er in TEL QUEL[10] erschien, müßten in einer Zweitauflage der »Freibeuterschriften« dann allerdings die leichtfertigen, unmarkierten Kürzungen rückgängig gemacht werden, Pasolinis scharfe Kritik am Mai 1968 nicht unterdrückt und die Übersetzungsschnitzer korrigiert werden. Die italienischen Intellektuellen, die Pasolini als »lärmende Hampelmänner«[11]

sah, mögen sich gegenseitig hassen, aber Macciocchi, die der Ermordung eines Dissidenten nachgeht, sagt, daß sie *ihn* haßten. Voilà.

1 *Pier Paolo Pasolini: Freibeuterschriften,* Übers. Thomas Eisenhardt, Berlin: Wagenbach 1978.
2 *Pier Paolo Pasolini: Ignazio Buttita: ›Ich bin Dichter von Beruf‹, in: Ders.: Freibeuterschriften, a.a.O., S.105.*
3 *Pier Paolo Pasolini: Der Koitus, die Abtreibung, die Schein-Toleranz der Herrschenden, der Konformismus der Progressiven, in: Ders.: Freibeuterschriften, a.a.O., S.61.*
4 *Alfred Andersch: Aus einem römischen Winter. Reisebilder,* Olten/Freiburg i.Br.: Walter 1966, S.38.
5 *Pier Paolo Pasolini: Studie über die anthropologische Revolution in Italien, in: Ders.: Freibeuterschriften, a.a.O., S.34.*
6 *Pier Paolo Pasolini: Scritti corsari,* Mailand: Garzanti 1975, S.134. Karsten Witte übersetzte aus dem Italienischen: »da questa esperienza, esistenziale, diretta, concreta, drammatica, corporea, che nascono in conclusione tutti i miei discorsi ideologici.«
7 *Pier Paolo Pasolini: Von den Glühwürmchen, in: Ders.: Freibeuterschriften, a.a.O., S.67-73.*
8 *Ebd., S.70.*
9 *Pier Paolo Pasolini: Empirismo eretico,* Mailand: Garzanti 1972; deutsch: *Pier Paolo Pasolini: Ketzererfahrungen. Empirismo eretico. Schriften zu Sprache, Literatur und Film,* Übers. Reinmar Klein, München: Hanser 1979.
10 *Vgl. TEL QUEL, Nr.76, 1978.*
11 *Vgl. Pier Paolo Pasolini: Freibeuterschriften, a.a.O., S.16.*

Siciliano über Pasolini

»... inmitten eines lebendigen Lichts: ein sanfter, gewalttätiger Revolutionär...«,[1] so hatte sich Pasolini in einem der zahllosen autobiographischen Gedichte einmal selbst gesehen. Das Zerrissene, der an sich selbst verkörperte Widerspruch, seine franziskanische Demut und sein Leidensdruck im Leben der Gewalt werden in dieser Zeile wie in einem Brennspiegel, gleißend und gefährdet, sichtbar. Fünf Jahre nach dem gewaltsamen Tod (1975) werden in Italien seine verstreuten Essays, allesamt Anklagen gegen den Konsumismus und Plädoyers für die Kultur der Armut (nicht: des Elends), in Büchern ediert, die immer noch Skandal machen, so zuletzt seine Polemiken aus der Zeitschrift IL TEMPO, unter dem Titel von Pasolinis wöchentlicher Rubrik »Il caos«[2], worunter sich auch eine brüderliche Reminiszenz an Rudi Dutschke findet. Der Erfolg der »Freibeuterschriften« beim deutschen Publikum hat sogar eine Zeitschrift ermöglicht, die, unter seiner Flagge segelnd, heiße Eisen warmhält.

Nun wird in Kürze die große Biographie: »Pasolini. Leben und Werk« erscheinen, die der Freund Enzo Siciliano vor zwei Jahren vorlegte.[3] Als leitender Redakteur der römischen Zeitschrift NUOVI ARGOMENTI, vom Unruhestifter Alberto Moravia initiiert, konnte Siciliano Pasolini zunächst als Mitarbeiter, dann als Freund gewinnen, der seinerseits in den Gedichten Pasolinis, wie ja alle Freunde von Maria Callas bis Bernardo Bertolucci, figurierte. Siciliano war ein Weggefährte und Verfechter des permanenten Skandalons, der bohrenden Selbstbefragung der condition humaine, wie Pasolini sie zeit seines streitbaren Lebens und ohne jede Rücksicht gegen sich selbst durchsetzte. Siciliano konnte aufgrund seiner langjährigen Verbindungen zur Familie, zum Freundeskreis, zur Clique um den Kapuziner, der die Demut predigte, der mit Gramcsi und »doch gegen ihn«[4] agierte, der als Kommunist das Evangelium des Matthäus verfilmte, einen Paulus-Film plante, den unveröffentlichten Nachlaß einsehen, Zeugen befragen, Aussagen zum Mordprozeß erschüttern und dennoch ein ganz unspektakuläres Buch über Pasolini schreiben. Er weiß so gut wie alles, übt sich aber in der Kunst der Litotes, ohne peinlich zu schweigen. Die deutsche Übersetzung von Christel Galliani ist in der schmucklosen Diktion noch direkter und gibt dem Leser durch zahlreiche, sehr zuverlässige Anmerkungen eine Orientierung, die alle vorliegenden deutschen Ausgaben der Pasolini-Texte miteinbezieht. Als Beispiel der sorgfältigen Redaktion sei genannt, daß der Name des Dichters D'Annunzio einmal richtig wiedergegeben ist.

Das Leben Pasolinis war sein größtes Abenteuer und vom Widerspruch geprägt: eine Ausschweifung in die Askese, ein verzweifelter Versuch, durch seine Arbeit, in seinen Werken nicht bewundert, sondern geliebt zu werden. Siciliano, der sich mehr der literarisch-politischen als der filmischen Arbeit Pasolinis zuwendet, geht dem frühen Familienroman der Pasolinis nach, der Urszene, in der der Vater gewaltsam dem Sohn die entzündeten Augen öffnete, um die heilenden Tropfen einzuführen, eine traumatisierende Vergewaltigung auf dem Küchentisch, die jeden späteren Protest wie einen Aufruhr gegen die Macht der Väter lesen lassen. Das Unbekannte, das Gewöhnliche an diesem bescheiden geführten Leben kommt bei Siciliano bevorzugt zum Ausdruck. Pasolini der Lehrer, der Erzieher, der in seinen Anfängen im Friaul die Kinder Grammatik lehrte und für sie: die Sprache von neuem erfand.

1 Vgl. Pier Paolo Pasolini: Die Klage der Baggermaschine III, in: Ders.: Gramsci's Asche, Übers. Toni u. Sabine Kienlechner, München: Piper 1984, S. 137. Witte zitiert die Übersetzung von Christel Galliani in: Enzo Siciliano: Pasolini. Leben und Werk, Weinheim/Basel: Beltz & Gelberg 1980, S. 227.
2 Pier Paolo Pasolini: Il caos, Hg. Gian Carlo Ferretti, Rom: Riuniti 1979; deutsch: Ders.: Chaos. Gegen den Terror, Übers. Agathe Haag u. Renate Heimbucher, Hg. Agathe Haag, Berlin: Medusa 1981.
3 Enzo Siciliano: Vita di Pasolini, Mailand: Rizzoli 1978; deutsch: Ders.: Pasolini. Leben und Werk, a. a. O.; sowie Frankfurt/M.: Fischer 1985, und Weinheim/Berlin: Beltz/Quadriga 1994.
4 Vgl. Pasolinis Gedicht »Gramsci's Asche«. Der von Siciliano zitierte Abschnitt lautet: »Der Skandal meines Widerspruchs, mit dir / und gegen dich zu sein; mit dir im Herzen, / im Licht, gegen dich im dunklen Schoße…«, in: Enzo Siciliano: Pasolini. Leben und Werk, a. a. O., S. 275. Vgl. auch die Übersetzung von Toni und Sabine Kienlechner, in: Pier Paolo Pasolini: Unter freiem Himmel, Berlin: Wagenbach 1982, S. 35.

Akte der Selbstverletzung
Pier Paolo Pasolinis »Ketzererfahrungen«

Mit den »Freibeuterschriften« stellte der Wagenbach Verlag Pasolini als politischen Polemiker vor. Aufgrund des starken Echos, das dank der Zeitschrift FREIBEUTER nicht so schnell verfliegen kann, legt der Hanser Verlag nun einen älteren Band vor: »Empirismo eretico«, »Häretischer Empirismus« (1972),[1] der Pasolinis Aufsätze zu Sprache, Literatur und Film aus den 60er Jahren sammelt. Der Titel, mit »Ketzererfahrungen«[2] etwas emphatisch, aber durchaus treffend übersetzt, war Programm.

Pasolini trat in einen Methodenstreit mit den anerkannten Meistern der Zeichentheorie ein und legte sich mit allen: von Goldmann bis Barthes zu Eco, in heftigen Fehden an. Wenn er sich als Häretiker in jenen Auseinandersetzungen empfand, so schwingt, unterschwellig, darin seine Anerkennung einer akademisch etablierten Zunft mit. Noch die schärfste Ketzerei hängt, in der Erörterung von Glaubensfragen, am Rockschoß der Kirche. Wie Luther sah Pasolini sich von der Macht der orthodoxen Lehre durch sein persönliches Gewissen entbunden, hatte er die gleiche Lust, mit Eifer um die Substanz zu streiten. Deshalb die Unterordnung seines unorthodoxen Aufbegehrens in das Adjektiv »häretisch«. Der Methode des Empirismus, der in Wirklichkeit verwurzelten Erfahrungslehre, fühlte er sich allemal verpflichtet.

Ob Pasolini über den Stand der italienischen Nationalsprache nachdachte, »Notizen *en poète* für eine marxistische Linguistik« verfaßte, Überlegungen zu »Dantes Willen, Dichter zu sein« anstellte, immer wählte er eine offene Form, die den Leser direkt ansprach, ihn in den Prozeß des Vor-Denkens unhierarchisch einbezog.

»Weil dies weniger eine Aufsatzsammlung als ein ›Weißbuch‹ über die Frage der Sprache ist, habe ich keine Auswahl und Revision vorgenommen, wie es ein Autor in Fällen tut, wo er sich seinem eigenen Ansehen verpflichtet fühlt. Ich habe meine Texte wie ›Dokumente‹ und diejenigen, die sich auf Beiträge anderer beziehen, wie ›Anlagen‹ mitgeteilt.«[3] »Die Untersuchung ist im Gange, das Buch ist unabgeschlossen. (...) Das Buch, in dem ich meine Aufsätze übers Kino sammeln werde (sehr widersprüchliche übrigens, denn jeder repräsentiert einen bestimmten Augenblick meines Denkens, der vom nächsten überholt wird), soll vielleicht den Titel haben ›Das Kino als Semiologie der Wirklichkeit‹. Es ist mir im Grunde ergangen wie jemandem, der das Funktionieren eines Spiegels untersuchen will. Er stellt sich vor diesen hin, beobachtet und prüft ihn, macht sich Aufzeichnungen: und was sieht er am Ende? Sich selbst. Das Studium des Spiegels bringt ihn unvermeidlich zum Studium seiner selbst zurück.«[4]

Pasolini stellt sein Plädoyer für eine realistische Erfahrungslehre meist in Polemik gegen eine etablierte Meinung vor, ist aber aufrichtig genug, die dann losbrechende Auseinandersetzung in der öffentlichen Meinung mitzudokumentieren. Er wirft sich ungeschützt in die vorderste Linie und verbirgt die erfahrenen Wunden nicht. Diese Position bestimmt sich als Gegenpol zum modischen Sozialcharakter des Narziß. Das Spezialistentum, die Aufteilung der Welt in Subsysteme, das Verstummen des Bürgers vor der Omnipotenz der Staatsmacht sind Phänomene, die Pasolini nie akzeptiert hat. Er legt Einspruch ein: im Namen des gesellschaftlichen Zusammenhangs, der für ihn sich darstellt als Sehnsucht nach dem Ungetrennten.

In Pasolinis Philosophie verschmolz die Heilserwartung des frühen Christentums mit dem messianischen Erbe des Marxismus. Er war Abgeordneter einer Partei der Hoffnung, der sich das Recht herausnahm, den Finger in jede Wunde zu legen. Wie ein Künstler der Renaissance hatte Pasolini eine verschwenderische Fülle von Talenten und den Drang, sich mit ihrer Hilfe universalistisch zu äußern. Die Summe seiner Einsichten zielt auf eine Vision, in der sich interdisziplinäre Erfahrungen synthetisieren. In seinem »Linguistischen Tagebuch« z.B. verzeichnet er den Verfall der Vielsprachigkeit Italiens nicht nur als philologisches Problem. So wird noch heute im Westen des Landes Französisch gesprochen, im Osten Friaulisch und Slowenisch; im Süden Italiens gibt es albanische, griechische, ja noch provenzalische Sprachinseln, um von der Eigenständigkeit der napoletanischen und sizilianischen Regionalkultur zu schweigen. Pasolini beobachtet den Untergang dieser Regionalkultur wie ein Anthropologe, der einen Blick für sterbende Strukturen hat. Die sprachlich auferzwungene Italianisierung analysiert er als Strategie der Technologie des Nordens, der Achse Mailand-Turin, die nun auch den Süden stratifiziert.

»Doch befinden wir uns heute in einer Übergangsphase: die Beziehung zwischen Norden und Süden (Italiens, KWi) ist keine kolonialistische mehr, sondern eine neokolonialistische. Im ›Arbeitsverhältnis‹ zwischen einem südlichen Bauern und der Erde (den Bäumen, dem Pflug) gibt es einen Riß, das Bewußtsein von einem Verhältnis anderer Art, das sein nach Mailand oder Turin abgewanderter Sohn bereits verwirklicht und lebt. In diesem Riß, in dieser geringfügigen messianischen Veränderung des Arbeitsverhältnisses mit der Erde liegt der Beginn der wirklichen nationalen Einheit. So stellt sich übrigens die ganze ›Dritte Welt‹ ... heute ... als eine Welt der Zukunft, nicht der Vergangenheit dar. Jener Riß, jene Veränderung sind Aspekte der Dynamik, die ehemalige Sklavenvölker, ländliche Subproletariate und Stämme auf eine Art Synthese hintreibt, *in eine Beziehung von skandalöser*

Dialektik zur Rationalität der industrialisierten Länder und zum Marxismus.«[5]

Diese Dynamik der tiefgreifenden Veränderung in Nord- und Süditalien hatte Pasolini in seinen »Freibeuterschriften« als »anthropologische ›Mutation‹«[6] beschrieben – eine leidenschaftliche Übertreibung, die von der Wissenschaft mit Gewißheit als unseriös belächelt wird. Nur war der Ertrag seiner Methoden eben doch produktiver als die Ergebnisse so mancher unversitärer Fachbereiche. Nicht jeder Forscher freilich kann zum Einzelkämpfer werden. Häufig bestand Pasolinis Empirismus darin, daß er eine scheinbar beiläufige Beobachtung phänomenologisch erfaßt und sie dann marxistisch deutet. Das sind kühne Abkürzungen, oft von Verbotsschildern umstellt. In der Fähigkeit, mit den Methoden der Gesellschaftsanalyse respektlos umzuspringen, sie amalgamierend seinen Thesen einzuverleiben, hat Pasolinis Verfahren durchaus Züge, wie sie uns in den Schriften und Filmen des ungeordneten Zusammenhangs: bei Alexander Kluge, vertraut und fremd zugleich entgegentreten. Mit dem entscheidenden Unterschied, daß Kluge in seinem Engagement von sich als Person absieht. Pasolini hingegen stand unter dem Zwang des Skandalons, begriff Politik am eigenen Leib und schützte sich selbst am dürftigsten.

»…(meine, KWi) Philosophie scheint mir nichts anderes zu sein als eine verblendete, kindliche und pragmatische Liebe zur Wirklichkeit. Sie ist in dem Maße religiös, als sie gewissermaßen, durch Analogie, mit einer Art immensem Sexualfetischismus verschmilzt. Nichts anderes scheint die Welt für mich zu sein als ein Ensemble von Vätern und Müttern, denen gegenüber ich einen Impuls vollständiger Hingabe verspüre; diese besteht aus Respekt und Verehrung sowie aus dem Bedürfnis, diese Verehrung durch Entweihungen – auch durch gewaltsame und skandalöse – zu verletzen.«[7]

Skandal aus Lust an der Provokation, als Ohrfeige für die Eltern, die ihren Sohn aus Mangel an Respekt mit Liebe überhäuften – darin liegt ein Schlüssel zur Philosophie Pasolinis, zum Protestmotiv eines Enragierten, der mit jeder flammenden Polemik in den Tageszeitungen, mit jedem schmerzhaft verletzenden Film – von *Edipo Re* bis *Salò oder die 120 Tage von Sodom* – manifestierte, daß sein Leiden das eines, um mit Theweleit zu reden, nie zu Ende geborenen Sohnes war.[8]

»Für unser Gebiet – das des Stils, der Poesie und des Kinos – können wir also sagen, daß jede Verletzung des Kodes (ohne die es keine stilistische Neuerung gibt) eine Verletzung der Selbsterhaltung und folglich ein ostentativer Akt der Selbstverletzung ist: die Entscheidung für etwas Tragisches und Unbekanntes anstelle von etwas Alltäglichem und Bekanntem (das Leben). (...) Wenn einer, der Verse, Romane oder Filme macht, in der Gesellschaft, in der er wirkt, auf Komplizität, Duldung oder Verständnis stößt, dann ist er kein Autor. Ein Autor kann nichts anderes sein als ein Fremder in feindlichem Land: er ist im Tod und nicht im Leben zu Hause, und die Reaktion, die er provoziert, ist ein mehr oder weniger starkes Gefühl von Rassenhaß.«[9]

Dieses Zitat ist dem Aufsatz »Das unpopuläre Kino« entnommen, in dem Pasolini ein doppeltes Protestmotiv aufspürt: warum die Filmregisseure Godard oder Straub die gängige Filmpoetik, den Kode, verletzen und warum der Zuschauer durch diese Normverletzung Schmerz empfindet.[10] Man könnte, mit Hilfe neuerer psychoanalytischer Theorien aus Frankreich, zum Kino weitergehen und sagen: weil jene Normverletzung das ödipale Blickverhältnis, das den Zuschauer gemeinhin in kindlicher Wärme an den Wiederholungszwang der Kinohandlung fesselt, radikal aufkündigt. Pasolini hat diesen Bruch anders gewendet, wiederum in ein Bild der Selbstverletzung eingekleidet: »Von wegen Naturalismus! Kino machen heißt, auf brennendes Papier schreiben!«[11] Wenn man sieht, wie bei uns das Fernsehen den Ofen warmhält, versteht man, warum sich keiner so leicht die Finger verbrennt. So rücksichtslos, wie Pasolini in seinen »Ketzererfahrungen« sich aller Gunst der Kulturindustrie entledigt, in der er auch nur als Arbeiter produktiv war und verschlissen wurde, hätte er bei uns mit keiner öffentlichen Unterstützung seiner Filme rechnen dürfen.

Der Übersetzer ist mit allen Wassern und Essenzen der modernen Linguistik gewaschen und hat das noch fast Unübersetzbare mit zahlreichen Anmerkungen kommentiert, aus denen ich viel gelernt habe. Sein Nachwort »Pasolinis Widerspruch«, das unerschrocken gegen die berauschte Einvernahme der »Freibeuterschriften« polemisiert, hätte ich mir ausführlicher gewünscht. So bleibt es ein sehr verknappter Essay im Schatten von Adorno. Man ahnt im Dunkeln lockende Früchte, aber man möchte die Orangen nicht nur blitzen sehen, sondern beißen können. Und wer gegen Wagenbachs Entscheidung, in den Texten der »Freibeuterschriften« zu kürzen und umzustellen, angeht, darf sich kein Eigentor schießen wie der Hanser Verlag, der ganz klein gedruckt mitteilt, »einige weitere Schriften zum Film« von Pasolini aus der Originalausgabe in »Empirismo eretico« seien nach »Absprache« mit dem italienischen Verleger nicht mit aufgenommen worden.[12] Ich finde diese Absprache für einen Verlag, der sich mit Erfolg durch die wichtigsten Filmveröffentlichungen einen Ruf aufgebaut hat, als Leser ärgerlich, zumal der Einschluß einer so treffenden Glosse wie »Der Gag bei Chaplin«[13] den Preis des Bandes kaum gesprengt hätte.

1 *Pier Paolo Pasolini: Empirismo eretico, Mailand: Garzanti 1972.*
2 *Pier Paolo Pasolini: Ketzererfahrungen. Schriften zu Sprache, Literatur und Film, München/Wien: Hanser 1979.*
3 *Pier Paolo Pasolini: An den Leser, in: Ders.: Ketzererfahrungen, a.a.O., S.62.*
4 *Pier Paolo Pasolini: Einfälle zum Kino, in: Ders.: Ketzererfahrungen, a.a.O., S.222.*
5 *Pier Paolo Pasolini: Linguistisches Tagebuch, in: Ders.: Ketzererfahrungen, a.a.O., S.59f.*
6 *Pier Paolo Pasolini: Freibeuterschriften, Berlin: Wagenbach 1978, S.34.*
7 *Pier Paolo Pasolini: Einfälle zum Kino, in: Ders.: Ketzererfahrungen, a.a.O., S.219.*
8 *Vgl. Klaus Theweleit: Männerphantasien, Frankfurt/M.: Stroemfeld/Roter Stern 1978, 2 Bde; insbes. Bd.2, Kap.4: Männerkörper und weißer Terror, S.246, 257, 283.*
9 *Pier Paolo Pasolini: Das unpopuläre Kino, in: Ders: Ketzererfahrungen, a.a.O., S.254.*
10 *Der folgende Abschnitt, beginnend mit »Man könnte…« bis zum Ende, ist der Textfassung aus der FRANKFURTER RUNDSCHAU (13.10.1980) entnommen und wurde dem Hörfunktext angefügt.*
11 *Pier Paolo Pasolini: Ist Sein natürlich?, in: Ders.: Ketzererfahrungen, a.a.O., S.232.*
12 *Vgl. Pier Paolo Pasolini: Ketzererfahrungen, a.a.O., Impressumseite.*
13 *Vgl. Pier Paolo Pasolini: La »gag« in Chaplin, in: Ders.: Empirismo eretico, a.a.O., S.256.*

Pier Paolo Pasolini:
»Chaos. Gegen den Terror«

Eine Sammlung kurzer Zeitungsartikel, betitelt »Chaos«[1], das ist der dritte Band essayistischer Prosa von Pasolini, der in letzter Zeit bei uns als Säulenheiliger der politischen Kultur entdeckt wird. Nach den »Freibeuterschriften« und den »Ketzererfahrungen« wieder ein eher pathetisch klingender Titel, der jedoch seinen genauen historischen Ort hat und im Gegensatz zu den zuvor erschienenen Essay-Bänden Pasolinis sich durchaus unpathetisch in die kleine Politik des Alltags einmischt und nicht zu allen Fragen, die die Welt bewegt, einen endgültigen Beitrag leisten möchte. Dieses Buch, vor beiden genannten 1969 geschrieben, ist wie eine Baustelle, ein Werkstattbesuch beim Schriftsteller Pasolini. Hier finden sich alle Elemente seines imaginären Hauses versammelt, nicht immer polemisch angespitzt und theoretisch zugeschliffen. Hier sucht einer den Dialog mit dem Leser und biedert sich dabei nicht an. Pasolini schreibt mit seinen Glossen, Notizen, Fragen, wie sie zwischen dem 6. August 1968 und 24. Januar 1970 in der liberalen Illustrierten TEMPO erschienen und ein Millionenpublikum erreichten, Briefe, von sich an die Öffentlichkeit Italiens.

Der Titel, den er selber seiner regelmäßigen Kolumne gab, ist ein Programm, das nach zwei Seiten kämpft. Zum einen grenzt sich Pasolini von der literarischen, bloß formalistischen Moderne jener Jahre ab, zum anderen vereinigt er in seinen Beiträgen die verschiedensten Textsorten. Da geht ein Kommentar in einen Brief über, da ist eine soziologische Stadtbeschreibung mit religiösen Motiven durchwoben, hier finden sich Betrachtungen in poetisch gebundener Prosa, da eine Abhandlung in Dialog aufgelöst. Alles ist möglich, wo die Welt der Gegenstand seines Eingreifens ist, und wo immer Pasolini den Finger auf die Landkarte Italiens legt, da ergreift er ihre Oberfläche, um einen Fingerabdruck zu hinterlassen. Die Spuren dieser handgreiflichen Auseinandersetzung mit den Höhepunkten der Studentenbewegung, der großen Arbeiterdemonstrationen, den politischen Prozessen um seine Filme findet der deutsche Leser nun in der Sammlung »Chaos«, der Pasolini selber gern den Untertitel »Gegen den Terror« (der politischen Autoritäten) gegeben hätte.

Immer ging es Pasolini um die Ungleichzeitigkeit historischer Phänomene, den Übergang von der alten bäuerlichen Kultur Italiens zum modernen Konsumismus, wie er die allgegenwärtige Gewalt des Kapitalismus in partiell unterentwickelten Regionen (wie Süditalien) bezeichnete. Ein Beispiel, wie Pasolini Politik am eigenen Leib betreibt, indem er die seiner Person eingeschriebene Geschichte der Reflexion zur allgemeinen Geschichte des Alltags nicht ausradiert, ist sein Artikel »Feiertage und Konsumismus«, datiert vom 4. Januar 1969.

»Seit drei Jahren gebe ich mir die größte Mühe, an Weihnachten nicht in Italien zu sein. Ich mache das absichtlich, völlig verbissen und bin aufgelöst beim bloßen Gedanken, daß es mir nicht gelingen könnte; bürde mir deswegen Arbeit auf, verzichte auf jeden Urlaub, auf jede Unterbrechung oder Entspannung. (...) Daß die Weihnachtsferien meiner Kindheit auch eine idiotische Angelegenheit waren, ist mir völlig bewußt: Eine Herausforderung Gottes durch die Produktion. Ich war damals jedoch noch eingebettet in die ›bäuerliche Welt‹, irgendwo, in einem geheimnisvollen Land zwischen den Alpen und dem Meer, in kleinen Provinzstädten wie Cremona oder Scandino, Orten mit einer direkten Verbindung nach Jerusalem.«[2]

Pasolini sprach von sich, das war der erste Skandal, aber er blieb nie bei sich stehen, sondern nahm sich bloß als natürlichen Ausgangspunkt, um einen anderen Punkt: sein avisiertes Ziel in der politischen Landschaft zu erreichen. Das war der zweite Skandal. Dafür benutzte er nicht sein Sportauto, dafür ging er zu Fuß oder nahm ein öffentliches Transportmittel. In dieser Glosse sprach Pasolini von seinen Arbeitsproblemen, seinem Vorbehalt gegen die Traditionalität. Wenn Pasolini von seinen Gegnern durch die Bank, ob im Lager der Kommunisten oder der Faschisten, und er hatte viele Feinde, des Extremismus geziehen wurde, dann aus dem erkennbaren Grund, daß er stets die Grenzen gegnerischer Standpunkte abschritt, um sich selber einen Überblick in verworrener Lage zu schaffen. Hier ist es der tiefe Riß zwischen dem Konsumfest Weihnachten, wie es heute gefeiert wird, und dem heidnischen Ursprung jenes Festes, wie es Pasolini, der im Abseits des bekannten Italien, in einem Bergnest der Provinz Friaul aufwuchs, selber als Kind erfuhr.

»Der Kapitalismus hatte die bäuerliche Welt noch nicht völlig ›zugedeckt‹, aus der sein Moralismus und im übrigen seine Druckmittel stammten: Gott, Vaterland, Familie, Druckmittel deshalb, weil sie das zynische Negativ einer noch existierenden Realität waren: der Realität der überlebenden religiösen Welt. Der heutige Kapitalismus dagegen braucht keine moralischen Druckmittel mehr, es sei denn in Randgebieten oder in Enklaven, die überlebt haben, oder er benutzt sie aus purer Gewohnheit (aber selbst die verschwindet). Dem neuen Kapitalismus ist es egal, ob man an Gott, Vaterland und Familie glaubt. Er hat seinen neuen eigenständigen Mythos geschaffen: Wohlstand. Und sein Menschentypus ist nicht mehr der ritterliche oder religiöse Mensch, sondern der Konsument, dessen Glück darin besteht, Konsument zu sein.«[3]

Was sich hier, in offener Form, vollzieht, wird Pasolini in den später erschienenen »Freibeuterschriften« zu einer Theorie ausbauen, die ihm als Anthropologie des modernen Italien gilt. Ganz im Gegensatz zu seinen filmenden Kollegen Visconti und Fellini, galt Pasolinis Augenmerk nicht der Dekadenz der herrschenden Schicht, sondern der unverbogenen Kraft jener, die am Rande leben; die Unterprivilegierten, wie die Soziologie sehr vornehm sagt. Pasolini hielt es mit den Vorstädten, aus denen, seiner politischen Utopie gemäß, die Erneuerung kommen sollte und die ihm, der in ihnen sich bewegte wie kein zweiter: eingeweiht in ihre Geheimkodes und Sondersprachen, am Ende bloß den Mörder brachten. In seiner Sammlung »Chaos« geht Pasolini den Spuren nach, die jene ziehen, die sich nicht artikulieren können. Pasolini erhebt sich nicht sozialpathetisch als ihr Anwalt, er tritt bescheiden als ihr Fürsprecher auf. Ob er sich den politischen Gefangenen widmet, die in Parma meutern, den jugendlichen Drogenabhängigen, den politischen Aktivisten oder jener Dame, die er aus einem Leserbrief heraus als »elegante Faschistin« aufspürt – überall sind Fährten ausgelegt, denen der Kolumnist nachgeht.

»Deshalb müßte die Kirche streng darauf achten, ihre Feiertage (wenn sie schon so archaisch daran festhält) klar von den Konsumfeiertagen zu trennen. Sie müßte klipp und klar sagen, daß Hostie und Panettone (Weihnachtskuchen, KWi) nichts miteinander zu tun haben. Dieses *embrassons-nous* (Umarmung, KWi) von Religion und Produktion ist einfach grauenhaft, und alles, was daraus folgt, ist für Augen und sämtliche Sinne unerträglich. / Sicher, Weihnachten ist in Wirklichkeit ein antikes, ein heidnisches Fest (die Sonnengeburt) und als solches ursprünglich ein fröhliches Fest; von einer Fröhlichkeit, die möglicherweise auch heute noch in bestimmten Jahreszeiten ausbrechen will, auch bei einer Menschheit, die dabei ist, die Sahara mit mechanischen Ungeheuern urbar zu machen. Aber dann sollten die heidnischen Feste auch wieder heidnisch werden, die industrielle Natur sollte voll und ganz an Stelle der natürlichen Natur treten, auch bei den Festen. Und die Kirche sollte nichts damit zu tun haben.«[4]

Geradezu als Aufgabe des Künstlers definiert es Pasolini, an anderer Stelle in diesem Buch, all das zu erfassen und in Form zu bringen, was den Soziologen und anderen Intellektuellen durch die Finger geht: die Übergänge. Die Wissenschaft, so lautet seine Diagnose, erfaßt und plant die Zukunft, während der Künstler die Zwischenzonen wahrnehmen muß, die unscheinbaren kleinen Erdrutsche im sozialen Bereich beschreiben soll. Dafür bietet sich das Weihnachtsfest als Beispiel. Es ist ein Konglomerat, ein Knäuel aus heidnischem Brauch und christlicher Botschaft. Es ist etwas unrein Überformtes. Pasolinis Sehnsucht dagegen zielt auf Freilegung des ursprünglichen Kerns aller sozialen Phänomene, die er kämpferisch ihrer ursprünglichen Kraft übergeben will. Daher die ketzerischen Töne gegen die Kirche als Institution, was niemand mit vermeintlicher Ungläubigkeit Pasolinis verwechseln sollte, dessen Religion unverhohlen mit den Urchristen der Katakomben sympathisierte. Das offenbart den sozialen Gestus Pasolinis, in dem er selber sich stilisierte: allen sozialen Bewegungen ihren Ursprung zu entdecken, ihre verschütteten Energien wieder freizulegen und in allen Dingen des Alltags das Risiko des Mißverständnisses, der Vereinsamung bei aller Heftigkeit der Menschenliebe auf sich zu nehmen. Sein Kampf war angelegt auf das Stigma des Außenseiters, der sich nie scheute, seine Erkenntnisse in brutaler Offenheit zu formulieren. »Keine Macht für niemand!« wäre eine Devise, die auch auf seiner Fahne stehen könnte, aber in seinen Textkolumnen marschieren keine Bannerträger mit: Jedes Wort steht allein für sich und seinen Autor ein.

»Als heidnisch-neokapitalistisches Fest wird Weihnachten jedoch immer etwas Brutales haben, wird Kriegsersatz sein wie die Weekends und die anderen Feiertage. In diesen Tagen entsteht eine unverkennbare Kriegspsychose: die individuelle Aggressivität multipliziert sich, die Zahl der Toten steigt schwindelerregend, Blutbäder überall. Man sagt: Schafft viele Vietnams! Aber es gibt sie bereits. Genau bei diesen Festlichkeiten, wo der Ruhetag nichts anderes ist als eine Unterbrechung des Ausgebeutetwerdens, der Entfremdung ... (...) / Ja, ich sage hier Schreckliches. Und ich werde keine Abstriche machen. Keine Nettigkeiten. Keine Beschönigungen. Die Dinge sind nun mal so, und es ist zwecklos, sie zu vertuschen, auch nur ansatzweise zu vertuschen.«[5]

1 *Pier Paolo Pasolini: Chaos. Gegen den Terror, Berlin: Medusa 1981.*
2 *Pier Paolo Pasolini: Feiertage und Konsumismus, in: Ders.: Chaos, a.a.O., S.65.*
3 *Ebd.*
4 *Ebd., S.66.*
5 *Ebd., S.67.*

Unter Leidensgenossen

Wieder im Kino:
Pier Paolo Pasolinis erster Film Accattone

Schon zum Vorspann dieser elenden Leidensgeschichte[1] ertönt der Schlußchor aus Bachs »Matthäus-Passion«. Das Drama ist, ehe es beginnt, beschlossene Sache. Ein Zuhälter stirbt. Kein Hinterbliebener weint. Um ihn trauert ein Chor, dessen Klage ursprünglich einem anderen galt, der vielleicht auch für den Zuhälter Accattone starb. Kann das Gewöhnliche schön sein? Pasolini scherte sich um die Fragen ästhetischer Scholastik nie. Er verletzte die guten Sitten des Genres, die sich stets besser dünkten als die schlechten Manieren des Stoffes. Er respektierte keine Grenzen, er verletzte sie und jene, die sie achteten. Bach zum Barackenmilieu und Dante-Verse im Munde der Vorstadt beschwören nicht die schneidige Enteignung von Kultur, sondern die Aneignung des Anspruchs, wo auch immer: unter Menschenbrüdern zu handeln.

Die Musik macht uns zu Ohrenzeugen eines Dramas, das keine Regeln der Einfühlung, des Mitleids, der Katharsis kennt. Nur eins wird gewiß, das Leben im Zeitraffer der Zufälligkeit. Accattone lebt ein schon seinem Tod ergebenes Leben. Franco Citti, der Accattone eher durch sparsame Gesten vorstellt als schauspielerisch darstellt, hat in vielen Bildern seinen Kopf gesenkt, als trüge er zu schwer an ihm. Auf den Tiber-Terrassen, wo er mit Freunden und Frauen rüde Scherze treibt, läßt jemand, mitten in einer wüsten Schimpftirade, den Satz fallen: »Ihr, die ihr eintretet, laßt alle Hoffnung fahren!«[2] Bei Dante Inschrift am Tor des Inferno, Aufforderung zum Fatalismus, den die Hoffnungslosen im Rom der 60er Jahre zum Zynismus plätten. Der Klagegesang ist auch historisches Zitat und den Bildern der grellen Hoffnungslosigkeit blasphemisch unterlegt.»Wir setzen uns mit Tränen nieder / Und rufen dir im Grabe zu: Ruhe sanfte, sanfte Ruh! / Ruht, ihr ausgesogenen Glieder!«[3]

Die sterbliche Hülle Accattones besteht aus ausgesogenen Gliedern. Zurück bleiben aber auch jene, die sie aussaugten. Die im Dickicht der Niedertracht, des Verrats und der rohen Gewalt am Aussaugen satt wurden. Aber die stehen ohnehin im Licht. Nur die im Dunkeln stehen, kriechen, vegetieren, die sieht man bei Pasolinis erstem Film (1961), der sich liebenden Blickes über die Leidensgenossen der subproletarischen Vorstädte beugt.

Wie todessüchtig dieser zarte Mann Vittorio ist, den die anderen Männer Accattone nennen, dem sein eigener Name enteignet wird. Weil er dem keine Würde abgewinnen kann, wird er das, was ihm nachgerufen wird. Ein Schmarotzer, ein mieser kleiner Gewinnler und Frauenausbeuter, der, von allen ihren guten Geistern verlassen, nichts mehr hat, was ihn aufrecht hält. Eine Vision greift seinem physischen Tode vor. Er träumt, daß Accattone begraben und Vittorio, sein altes Ich, zur Trauer nicht zugelassen wird. Keine Chance, daß Vittorio (»Der Sieger«) jetzt lebt. Er geht bloß seine Bahn, die ihm vorherbestimmt, zu Ende.

Aus sich selbst schafft Accattone nichts. Mit seiner sexuellen Attraktion zu arbeiten, ist das einzig Produktive an ihm. Er macht Frauen von sich abhängig und läßt sie für sich arbeiten. Eine Randexistenz, die sich den Luxus leistet, aus dem Nichts ein Mini-Unternehmen aufzubauen. Ständig auf dem Sprung, rennend, flüchtend. Im Dauerlauf zum Abkassieren, was mager ausfällt; im Dauerlauf zum Spaghettitopf, der leer bleibt, den er mit List und Tücke wieder anpeilt und doch wieder stehen läßt, als er Stella, seine neue Geliebte, auf der Straße nach dem Zuhause, das sie nie erreichen wird, abfängt.

In den Fatalismus verliebt, von Beruf Hungerleider, Streuner aus Spaß, hemmungslos selbstmitleidig und völlig gefühlsroh im Umgang mit Frauen. Er geht ihnen, wenn es geht, aus dem Weg; er fällt ihnen aber auf ihrem Weg brutal in den Arm. Den Anschein von Glück vermittelt Accattone nur unter seinesgleichen, den schwadronierenden, richtungslosen Freunden, die nichts als Maulaffen feilhalten. Welche blutigen Witze über den Hunger, welche gewaltigen Tiraden zum Plan, ihn zu stillen!

Auch das Elend hat sein Pathos, das manches Mal durch den Standpunkt der Kamera ins Antikische überhöht wird. Nicht aus Zynismus. Pasolini vermengt die Stilebenen mit Vorsatz. Aus der leichten Untersicht sehen die Baracken und die halbfertigen Neubauten vor Rom für die Arbeitsemigranten aus Italiens Süden, die den Sprung in den industriellen Norden nicht schafften, eben aus wie die Ruinen des alten Roms. Auch Konstellationen der Gruppen erfahren eine Wendung ins Statuarische. Das Ziel scheint, dem, was als niedrig gilt, eine eigene Würde durch Repräsentation im Bild zu geben. Daran hält Pasolini nicht fest, die Idee der verlorenen Würde aber wach. Im nächsten Augenblick kann eine Gruppe, die eben noch erstarrte, sich zur Macht in heftiger Bewegung drängen.

Accattone, der die von ihm sitzengelassene Frau anschnorren will, wird von seinem Schwager verjagt. Ein Kampf auf Leben und Tod. Wo die Erinnerung nicht auszulöschen ist, muß sein Körper, der den Schatten ins Gefängnis wirft, vernichtet werden. Welches Recht ist stärker, Familienehre oder blanker Darwinismus? Zwei Prinzipien des Überlebens werden von Pasolini in die Arena geschickt. Noch ist das Umfeld des Bildes leer. Dann wird es von den Rändern her betreten. Zaghaft setzen die Zeugen, deren Angst die Neugier besiegt, ihren Fuß ins Bild. Die Prinzipien bilden jetzt Parteien, der Kampf erfährt sich in Körpern.

Diese Lust, sich körperlich zu messen, ist bei Pasolini nicht nur Männerchauvinismus, sondern auch eine Blicklust auf sich vermengende Körper, die, einmal amorph geworden, nicht länger strahlend ihre Unversehrbarkeit behaupten dürfen. Man sehe auf das Licht, das hier gesetzt wird.

Weniger gesetzt, denn als naturgegeben erfahren wird: im gleißenden Lichte Roms verzehren sich die Körperkonturen dieser Hungerleider, als hätten sie nicht einmal das Recht auf einen Frieden mit der Natur. Auch sie ist feindlich. Andererseits wirft die Filmtechnik ihre Schatten. Accattone, ständig auf Trab nach einer kleinen Gaunerei, läuft oft mit dem Schatten der Kamera, oder auch: gegen das Objektiv, das ihn filmt, an.

Daß mit diesem Film jemand einen Anfang machte und Spuren dieser Neuheit im Umgang mit klassischen Regeln hinterläßt, stört wenig. Abrupte Schauplatzwechsel, wilde Achsensprünge gewinnen in Pasolinis Handhabung eine Kraft der Überrumpelung. Nicht der Zuschauer wird überfahren, sondern das im italienischen Film seinerzeit beliebte Bild vom familiären Realismus, der sich immer noch Neo-Realismus wähnte.

Pasolinis Pathos besteht darin, nicht dem pittoresk Vertrauten Bestätigung im Bild zu geben, sondern dem schroff Unvertrauten die aberkannte Achtung wiederzugewinnen. Bernardo Bertolucci, der mit 19 Jahren Pasolini assistierte (wofür die alte Synchronfassung ihn als »Hilfsregisseur« bezeichnet), sagte in einem Gespräch, das wir führten: »Als ich Pasolini *Accattone* drehen sah, wohnte ich der zweiten Geburt des Kinos bei.«[4]

Als Accattone stirbt, sagt er: »Endlich fühle ich mich wohl.« Ein blutiger Witz: zur zweiten Geburt des Kinos. Der Schlußchor singt: »Höchst vergnügt / schlummern da die Augen ein.« *Accattone* ist ein Film der Trauer.

1 Vgl. Pier Paolo Pasolini: Accattone, Rom: edizioni FM *1961*; sowie: Accattone, in: Ders.: Ali dagli occhi azzurri, Mailand: Garzanti *1976*, S.*249-362*; deutsch: Ders.: Accattone, Übers. Ulrich Enzensberger, München: Piper *1984*.
2 Vgl. Dante Alighieri: Die Göttliche Komödie, Hölle, *3*. Gesang.
3 Vgl. Sämtliche von Johann Sebastian Bach vertonten Texte, Hg. Werner Neumann, Leipzig: VEB Deutscher Verlag f. Musik *1974*, S.*235*.
4 Peter W. Jansen / Wolfram Schütte (Hg.): Bernardo Bertolucci, München / Wien: Hanser *1982*, S.*92*.

PASOLINI – der Traum von einer bösen Sache

1.

Ein Mann der Nacht wurde zum Helden des Tages durch seinen Tod, den die Medien als seine letzte und spektakulärste Inszenierung feierten. Fortan war er der wilde Mann, dessen Mythos dem gelähmten Bewußtsein, von Ratlosigkeit beherrscht, auf die Beine helfen soll.

2.

Er verfaßte unter anderem die »Freibeuterschriften«[1], die man las, als sie deutsch und empfindlich gekürzt erschienen (1978), als hätte es da einen Freibeuter und Autor gegeben, aber keinen, eben schreibenden Freibeuter. Fortan zeigte man Pasolini mit Stirnband im ungebändigten Schopf. Das war seine Maske als Maler Giotto, den er im Film *Il Decameron* verkörperte. Der SPIEGEL nannte ihn flugs, in doppelt unsinniger Anlehnung an Siodmaks Abenteuerfilm, »Der rote Korsar«[2]. Das könnte so passen! Pasolini als politisch eingefärbter Lancaster, und sein Leben als ein Hollywood-Spektakel aus schlimmer Verfolgung und endlich doch gerechter Rache.

3.

Und als die »Freibeuterschriften« erschienen waren, rieben sich die Kritiker die Augen, als hätten sie nie zuvor, was schon in deutscher Übersetzung vorlag, Pasolinis Romane »Vita Violenta«[3] und »Der Traum von einer Sache«[4] gelesen. Es schien plötzlich, als habe ein umstrittener

Filmregisseur, der aus Prinzip Skandal machte, angefangen, streitbare Einmischungen in Tageszeitungen zu veröffentlichen. Dabei lag das schriftstellerische Werk Pasolinis schon überschaubar vor, als er anfing, Filme zu drehen. Die Wechselwirkungen in der deutschen Öffentlichkeit ergaben sich ohne den Entdeckerblick auf Nebenwerke. Denn bevor Pasolini als der letzte Rousseauist der Zivilisationskritik berühmt wurde, galt er schon als schreckliches Kind: »Das enfant terrible der italienischen Literatur.«[5]

4.

Mit dem Freibeuter-Mythos, unter dessen Patenschaft jetzt die kursgebende, gleichnamige Kulturzeitschrift segelt, war Pasolini als politischer Polemiker umrissen. Einer, der sich einmischt, der nach allen Seiten ficht und sich mit gezogener Klinge und blankem Oberkörper in die Takelage stürzt, um die Politik am eigenen Leib, seinen Grundsatz im romantischen Kostüm zu verfechten.

»Etwas Pfeffer in die erschlaffte Kostümkritik hat Pasolini gestreut, indem er wenigstens ein einleuchtendes Kostüm entworfen hat: das des *Korsaren* – Freibeuterschriften. Der Intellektuelle als Korsar – kein schlechter Traum. So haben wir uns noch kaum gesehen«, schrieb Peter Sloterdijk in seiner »Kritik der zynischen Vernunft«[6]. Das klingt nüchtern, aber doch auch im Brustton der Vereinnahmung. Sein »wir« zielt auf »uns«. Ein Freibeuter kämpft nicht nur nach allen Seiten, sondern er kämpft für die Einnahme von verschiedenen Standpunkten. Das macht ihn zu einem unsicheren Kantonisten, zum fragwürdigen Bundesgenossen. So gesehen, ist Pasolinis Stilisierung zum Einzelkämpfer nicht nur selbstgewählte Pose, sondern auch eine durch gesellschaftlichen Außendruck auferlegte Rolle. Wer sich umzingelt sieht, muß sich – gleichsam putschistisch – vom Fleck rühren, ehe ihn der erste Schlag, dem der tödliche folgt, treffen kann. Pasolinis Strategie der Selbstverteidigung rügt Sloterdijk als Rollenzwang: »Weil das Kostüm amoralisch ist, sitzt es moralisch wie angegossen. Solide Standpunkte kann der Freibeuter nicht einnehmen, da er unterwegs ist zwischen wechselnden Fronten.«[7]

Mobilität, Offenheit und blitzschnell treffende Intelligenz machen vielleicht einen Korsaren, aber nicht einen Schriftsteller, der, wenn er nicht kämpft, Ruhepausen zum Rückzug braucht. Jedem Freibeuter seine Schatzhöhle in der Karibik; Pasolini hatte seinen Turm in Chia (Viterbo). Das war sein Ort der Sammlung in der Stille, der Überprüfung einsetzbarer Energien, der Heilung draußen empfangener Wunden. Im letzten Interview, das Pasolini drei Tage vor seinem Tod gab, erwiderte er auf die Frage, was in seinen vielen Rollen er denn sei: »Ich bin einfach ein Schriftsteller.«[8]

5.

Kein einfacher Schriftsteller, in jedem Fall. Aber sein Werk neben den »Freibeuterschriften« verfaßte er hauptsächlich, und nicht: unter anderem. Der Freibeuter-Mythos ist ein willkommener Lückenbüßer, damit die Lücke, die er ausschmückt, die Liebhaber nicht angähnt. Denn der Freibeuter demonstrierte ja eine zweifache Inszenierung, den Aktionismus und das anfallende Schauvergnügen. Wenn er abtritt, ließ er sein Publikum ohne Katharsis allein. Was es denn erwartet, ist das Verschwiegene.

– Pasolini, der Romancier. »Vita Violenta« und »Der Traum von einer Sache« werden in diesem Jahr neu aufgelegt. Die Erstübersetzung des eminent schwierigen Romans aus den Vorstädten, den Randzonen Roms: »Ragazzi di vita«[9] wird zur Zeit vorbereitet.

– Pasolini, der Dichter. Aus sechs Gedichtbänden wurde ein Brevier der schönsten Stellen handverlesen: »Unter

freiem Himmel«[10], eine Freiheit, die sich in der oft
überhöht poetisierten Übertragung allerdings rheto-
rischer ausnimmt als über dem Apennin.
- Pasolini, der Zeichentheoretiker. Die Aufsätze über Film
und Literatur, »Ketzererfahrungen«[11], wurden von ihm
selbst als »häretischer Empirismus« bezeichnet. Endlich
eine Pasolini-Übersetzung, die sich nicht kleiner macht
als ihr Original.
- Pasolini, der Sprachwissenschaftler. Davon gibt es
einen blassen Schimmer im Pasolini-Heft der ALTER-
NATIVE[12], aber noch keinen systematischen Einblick.
- Pasolini, der Dramatiker, der Literaturkritiker. Der
Drehbuchautor, auch für nicht von ihm selbst gedrehte
Filme, z.B. von Luis Trenker oder Bernardo Bertolucci,
ist unbekannt bei uns.[13]
- Pasolini, der Lehrer, der Kommunist, der Homosexuelle:
der homosexuelle, kommunistische Lehrer. Vor solchem
Maß an aufdringlicher Menschenliebe zuckte man
zurück, seitdem die KPI den Exorzismus besorgte und
Pasolini als Homosexuellen aus der Partei ausstieß.
Die tägliche, unspektakuläre Arbeit, in zäher Geduld
norditalienische Bauernkinder friaulische Grammatik zu
lehren, das lockte keinen schlafenden Hund hinter den
Kacheln der Kultur hervor. Mir scheint, daß vor allen
aktivierten Mythen die Feldarbeit realer Kenntnisnahme
zu aktivieren sei. Pasolini, der Lehrer. Das ist noch kein
Mythos, sondern bloß ein Vorbild, von dem zu lernen man
nicht schnell ermüdet.

6.

Wie schlägt sich der Pasolini-Mythos auf der Ebene der
Gewöhnlichkeit nieder? Dazu schaue man auf Kleinan-
zeigen in Stadtzeitungen. Der Frankfurter PFLASTER-
STRAND wirbt für italienische Sprachkurse in der Pier

Paolo Pasolini-Schule. Hier macht der Realien-Lehrer Pasolini Schule.

Im Berliner TIP lese ich in einer Rubrik, die nicht jeder Leser aufsucht: »M, 27, 189, 72: sucht Partner für ziemlich ausgefallene Spiele. Kennwort Pasolini.« Kann diesem Mann geholfen werden? Verweisen die ausgefallenen Spiele auf den vermutlichen Wunsch nach sadomasochistischem Ritual ohne einen Ort, so soll die bloße Nennung Pasolinis als Referenz und Inbegriff sexueller Ausschweifung dienlich sein.

Dieser Mythos des Zuchtmeisters und Entfesselungskünstlers wohlfeiler Libertinage verdankt sich zweifellos den letzten Filmen, Pasolinis sogenannter »Trilogie des Lebens«. Daß er den Hedonismus jener zum Schein demokratisierten Ausschweifung noch selber widerrief und ihr zur Widerlegung eine »Trilogie des Todes« folgen lassen wollte, tut zur Sache der trivialen Aneignung nichts.

Nicht die vermeintliche Zuordnung von rechtem Mythos und linker Ratio, wie sie einst Roland Barthes vornahm, ist daran anstößig, sondern die Parzellierung von Pasolinis pädagogischem Eros, der sich nun jedweder Vorstellung von der Politik am eigenen Leibe anzuschmiegen hat.

7.

Dazu kann ich nur an einem kaum zufällig übersehenen, oder vielleicht auch totgeschwiegenen, Appell von Jean-Paul Sartre erinnern. Er erschien 1976 zum Prozeß gegen den mutmaßlichen Mörder Pasolinis, den ragazzo di vita: Pelosi. Sartre forderte einen Prozeß *für* den jungen Pelosi und fürchtete, daraus entstünde, was entstand, der letzte und längste Prozeß gegen Pasolini. Meines Wissens erschien Sartres Text damals nur am 6. März 1976 im CORRIERE DELLA SERA, Italiens führender Tageszeitung, auf französisch erst sechs Jahre später im April

1982 in der Zeitschrift der französischen Schwulenbewegung GAI PIED, und auf deutsch gar nicht.

»Alle, die in Pasolini das Böse schlechthin erblicken,« warnte Sartre, »unterstellen ihm bereitwillig eine Gewalt, die unvorstellbar ist.«[14]

Das Böse schlechthin ist eine Übertreibung ins negativ Grandiose, die ihre Kehrseite in der Hypostasierung des »Freibeuters« findet. Hatte Pasolini denn, Gutes zu wirken, wirklich soviel Kraft, wie es die Schwächeren sich wünschten? Haben sie ihn als Wortführer, als Leitfigur, als tapferen Schmerzensmann nicht unbillig, ungerecht überfordert?

War Pasolini mehr als eine Verkörperung des poète maudit: »ein Besessener, der die Sünden und Laster unserer Epoche auf sich genommen hat«, wie Hans Christoph Buch emphatisch in der ersten Nummer 1979 im SPIEGEL[15] schrieb? Nichts gegen Buchs Begeisterung, aber wirkt sie nicht mit an der Entrückung? Proletarische Passionsgeschichten hat Pasolini in jedem seiner Filme neu erzählt. Muß man deshalb in heillosen Zeiten ihn selbst, der viehisch verreckte, zum Heiland machen?

Da gibt die Skulptur von Alfred Hrdlicka, »Der Tod von Pasolini«, im Frankfurter Städel 1978 ausgestellt, doch eine wahrhaftigere Spur, die ein Eingedenken ohne Mythos schafft – Autoreifen drücken sich dem zerschundenen Leib ein.

8.

Andererseits gibt es die Harmlosen, die sich Vater Freibeuter weinend an den Hals werfen und ihren Wunsch nach Zugehörigkeit zur Familie der Verstoßenen mit Ergebenheit und Votivtafeln erbetteln. Konstantin Wecker weiß es ganz genau: »Glaub mir Paolo Pasolini, / sieben Jahre nach deinem Tod / hat sich nicht viel verändert.« Des Sängers Höflichkeit ist nicht die Radikalisierung des Gesangs, sondern die Aufweichung des Textes zu Stoßseufzern. »Hilf mir doch ein bißchen, / reiß mir einen Augenblick den Himmel auf.«[16]

Ob es stürmt oder schneit, Pasolini macht das Wetter, nicht schön, aber doch wolkenfrei für seine Anbeter. Auch Peter Hamm und Nicolaus Born standen, in Gedichten, mit Pasolini auf du und du.

Die Technik, das unaufhörliche Skandalon, Pasolini einem breiten Bürgertum schmackhaft zu machen, demonstrierte der Schriftsteller Dominique Fernandez in seinem jüngsten Roman »Dans la main de l'ange«. »In der Hand des Engels«[17], das soll die tröstliche Befindlichkeit von Pasolini sein, dessen Leben hier (450 Seiten stark) nachgezeichnet wird.

Was Fernandez nachzeichnet und sich ausmalt, ist ein aufgeschwollener Korrekturentwurf. Gegen Pasolinis ausschweifendes Leben setzt er die Häuslichkeit, das Mutteridyll und das Freundesideal, gegen den pädagogischen Eros didaktischen Eifer, gegen die Empörung: Beschwichtigung. Pasolini wird banalisiert zu einem kleinbürgerlichen Jammerlappen, der sein Leben ebenso lustlos wie schuldzerfressen lebte und im verhängnisvollen, ja: vom Romancier Fernandez verhängten Tode sühnte. Jedes Adjektiv ist hingeschrieben, wie um dem Polymorphen in Pasolini eine feste Bahn zu geben – ohne die vielen verliehenen Eigenschaften wäre das Buch halb so dick und fraglos besser. Es ist der Versuch einer Rettung durch Abwiegeln, einer Ehrbarmachung durch verschleierte Ehrabschneidung. Alles halb so schlimm, der Korsar war doch ein braves Muttersöhnchen! Der Lohn dieser Arbeit war für Fernandez der höchste Preis, der in Frankreich für diese Mühe zu haben ist, der Prix Goncourt 1982.

9.

Pasolini, der überbordende Empiriker, entwarf Strategien für die Vorläufigkeit. Ein deutscher Philosoph rückt diese Unordnung zurecht und sagt, wie es in *Wahrheit* ist: »Begrüßenswert scheint an dem Korsarenmythos das offensive Element. Bedenklich wäre nur die Illusion, die Intelligenz habe in der Rauferei als solcher ihren Grund. In Wahrheit ist Pasolini ein Geschlagener...«[18]

Diese Erkenntnis in Parteilichkeit für Pasolini nachzuvollziehen, könnte gegen den Gratisaktionismus feien, der seine Gedanken in unseren Köpfen nicht weiterbewegt. Ein Geschlagener muß kein gottergebener Schmerzensmann sein. Das kann auch einer sein, der sich gegen die ständigen Angriffe auf sein Anders-Sein zur Wehr setzt. Solche Angriffe vollzogen sich in der Regel als Übergriffe.

Deshalb schießt Pasolini, wo es ums Ganze ging, über das Ziel hinaus. Bei ihm geht es, wie bei allen, die ihren Traum von einer bestimmten Sache: daß jede Verfassung des Menschen eine bloß vorläufige und verbesserungsbedürftige sei, immer ums Ganze. Dafür legte er sich ins Zeug. Daß er als Einzelkämpfer hoch trainiert war, ist allseits unbestritten. Nur gibt es nach ihm keinen mehr, der sich für so vieles, was die vielen vorwärts bringt, stark macht.

10.

»Ich will nicht haltmachen am Rande des Abgrunds«, schrieb er an Umberto Eco, »wo du stehenbleibst. Ich will also, daß kein Dogma mehr gilt...«[19]

Daraus spricht nicht nur der Ketzer, der im Grunde seines Geistes schon Lutheraner war, sondern ein Radikaler, der vorstürmt, um die anderen mitzureißen. Einer, der Enthusiasmus für die gefährlichen Positionen im

Schilde führte und der auf scheinbar bekanntem Terrain den Sog der Entdecker spürte.

Von Pasolini lernen heißt nicht, sich in die Eiswüsten der Abstraktion zu begeben, wie die Frankfurter Schule einst ihr Leid beklagte. Das heißt, ein unsicheres Gelände sicher und mit dem Feuer der Konkretion zu betreten wie Prometheus aus Passion.

1 *Pier Paolo Pasolini: Freibeuterschriften, Berlin: Wagenbach 1978.*
2 *Vgl. Hans Christoph Buch: Der Rote Korsar, in: DER SPIEGEL, 1/1979, S.77.*
3 *Pier Paolo Pasolini: Vita Violenta, Übers. Gur Bland, München: Piper 1963; sowie München: Piper 1983, und die Lizenzausgabe: Berlin (DDR): Volk und Welt 1977.*
4 *Pier Paolo Pasolini: Der Traum von einer Sache, Übers. Hans-Otto Dill, Berlin (DDR): Volk und Welt 1968; sowie die Lizenzausgaben: Berlin/Wien: Medusa 1983; und: Frankfurt/M.: Fischer 1986.*
5 Vgl. Johannes Hösle: Das enfant terrible der italienischen Literatur, in: MERKUR, Februar 1964, S.192-194.
6 Peter Sloterdijk: Kritik der zynischen Vernunft, Bd.1, Frankfurt/M.: Suhrkamp 1983, S.24.
7 Ebd, S.25.
8 Die Lust am Skandal. Letztes Interview mit Pier Paolo Pasolini, Übers. KWi, in: FRANKFURTER RUNDSCHAU 2.2.1979, S.25.
9 *Pier Paolo Pasolini: Ragazzi di vita, Übers. Moshe Kahn, Berlin: Wagenbach 1990.*
10 *Pier Paolo Pasolini: Unter freiem Himmel, Übers. Toni u. Sabine Kienlechner, Berlin: Wagenbach 1982.*
11 *Pier Paolo Pasolini: Ketzererfahrungen. Schriften zu Sprache, Literatur und Film, München: Hanser 1979.*
12 Vgl. ALTERNATIVE, Heft 125/126, Juni 1979.
13 *Pasolini schrieb 1955 für Luis Trenker das Drehbuch des Films Il prigoniero della mantagna, dt. Verleihtitel:* Flucht in die Dolomiten. *Vor* Accattone *schrieb Pasolini das Drehbuch La commare secca, dessen Realisierung er zugunsten von* Accattone *aufgab. Er überließ es Bernardo Bertolucci, der 1962 daraus seinen ersten, gleichnamigen Film machte. Vgl. Nico Naldini: Pier Paolo Pasolini. Eine Biographie, Übers. Maja Pflug, Berlin: Wagenbach 1991, S.148, S.195, S.349.*
14 *Vgl. GAI PIED, Nr.37, April 1982, S.5.*

15 Hans Christoph Buch, Der rote Korsar, in: DER SPIEGEL, a.a.O., S.77.
16 Konstantin Wecker: Man muß den Flüssen trauen, München: Rowohlt 1980, darin: Ode an Pasolini und Elegie an Pasolini; sowie in: Hans Stempel und Martin Ripkens (Hg.): Das Kino im Kopf. Eine Anthologie, Zürich: Arche 1984, S.255.
17 *Dominique Fernandez: Dans la main de l'ange, Paris: Grasset 1982; deutsch: Ders.: In der Hand des Engels (Übers. Egon Wiszniewsky), Berlin: Volk und Welt 1985.*
18 Peter Sloterdijk: Kritik der zynischen Vernunft, Bd. I, a.a.O., S.25.
19 Pier Paolo Pasolini, Der Kode der Kodes, in: Ders.: Ketzererfahrungen, a.a.O., S.268.

Das Erfinden
einer neuen Schönheit
Pasolini – Körper / Orte

Der Titel meiner Überlegungen bezieht sich nicht auf »Körper« einerseits und »Orte« andererseits, sondern auf die unteilbare Topographie des Körpers als Ort, den Ort der Körper. Der ist bei Pasolini ein Schauplatz, *sein* Schauplatz. Ich beziehe mich dabei nicht auf den Schriftsteller, sondern auf den Filmregisseur Pasolini und befrage seine Filmbilder wie ein Arsenal von ästhetischen Lösungen zur Frage, wie ein Körper in einem Raum zu organisieren sei. Das scheint mir die einfachste Frage an die Regie, an die Autorenschaft, an sein Bild vom Menschen zu sein, die doch selten gestellt wird. Dies ist ein Versuch, die Raumschrift Pasolinis zu entwerfen.[1]

Wer die Filme in der Reihenfolge ihrer Entstehung bloß jeweils auf die mehr oder weniger geglückte Lösung als einzelne Kunstwerke untersucht, zieht bei Pasolini eine lineare Entwicklung von Körpergeschichten der lebensprallen, vitalen Vorstadtcharaktere hin zur verletzenden Radikalität seines letzten Films *Salò* als das Totenfest nach dem »unschuldigen« Schwelgen in der Körperlust.

Dagegen behaupte ich eine unteilbare Topographie des Körperortes, der nicht in Vitalismus hier und Todessehnsucht da aufzuspalten ist. Pasolinis Körperort ist die Befindlichkeit der Deformation in Form grotesker Körper.

Das Ausstellen scheinbar unverletzbarer Körperlust, vor allem in den Filmen der sogenannten *Trilogie des Lebens* (*Il Decameron*, *I racconti di Canterbury* und *Il fiore delle mille e una notte*) sowie die visuellen Schamverletzungsakte in *Salò* haben dazu geführt, Pasolini zum Herold einer kollektiven

Befreiungsphantasie zu machen. Das kommt davon, wenn der Hymnus seine Rechnung ohne die Historie macht. Je stärker Pasolini die Körperlichkeit betont, desto schwächer wird auch die historische Topographie, in der seine Körper sich bewegen.

Die Orte streifen ihre soziale Definition ab. Sie werden von Körpern nicht mehr bewohnt oder belebt. Die Körper selber werden zum Ort, den Pasolini nicht länger sozial, sondern, Soziales transzendierend, als mythisch beschreibt.

Die Körper werden am Anfang gefeiert und am Ende verdammt. Sie waren für Pasolini die letzte Bastion der »Unschuld«, der »Ursprünglichkeit«, deren Ortschaft für ihn zunächst der Süden war; und als er diesen Mythos vom Süden in den der Dritten Welt überführte, ließ er, wo Körper und Orte zu seiner Landschaft verschmolzen, keine Außenwelt mehr in sie ein. Das verwandelt die Körperlichkeit seiner späten Filme zu einem Mythos, in dem statt Kritik und Melancholie Phantasmagorien der Verzweiflung Platz fanden.

»... die ›Realität‹ der unschuldigen Körper ist durch die Macht des Konsums vergewaltigt, manipuliert und verletzt worden: Solch eine auf den Körper ausgeübte Gewalt ist sogar die makroskopischste Gegebenheit der neuen Epoche geworden«, schrieb Pasolini anläßlich seiner Lossagung von der Film-*Trilogie des Lebens*.[2]

Das war eine nachträgliche Diagnose, die in den Filmen selber kaum sich niederschlug. Sie ist bedeutsam in ihrer Vereinfachung, ihrer universalen Griffigkeit, alle sozialen Gegebenheiten in eins zu setzen als »Macht des Konsums«, als potere consumistico.[3] Diese Macht wird wie eine Staatsmacht behandelt, d.h. als gleichsam legale Gewalt anerkannt. Mit diesem Begriff hält Pasolini am fatalen Schuldzusammenhang von Verlust und Unschuld der Körper und ihrer Deformation kraft konsumistischer Gewalt fest. Der Konsum, das zielt auf die Ersetzung der

Politik durch den Markt; Pasolini gibt in seiner grenzenlosen Emphase Scheindiagnosen aus, die laizistisch verbrämte Verdammungen aussprechen.

Pasolinis Orte sind Zwischenzonen, Ödland, Stadtsteppen (*Accattone*, *Mamma Roma*, *La ricotta*). Die sogenannten historischen Stätten, die er aufsucht, sind von allen guten Geistern längst verlassen. Pasolini erfindet an ihnen die Geschichte neu: Jerusalem »ist« die zerfallene Höhlenstadt Matera in Lukanien. Oder er suchte Orte in der Dritten Welt auf, die kraft seiner poetischen Vision zu Stätten *künftiger* Geschichte werden (*Appunti per un' Orestiade Africana*). Kampala, die Hauptstadt Ugandas, wird ihm die »alte, moderne Stadt Athen«[4]. Im nicht-realisierten Projekt, dem Paulus-Film, wollte Pasolini das alte Rom in New York, das alte Jerusalem in Paris wiederfinden.[5]

Pasolini investiert Sinn im Niemandsland. Er will in allem, was er formt, einem Schöpfer gleich, von vorn anfangen. Er hat eine Vision. Er schafft Körper, Orte nach seinem Ebenbild. Auch deshalb wurde Pasolini, der Körper-Orte sein Leben lang *seinem* Mythos überschrieb, im Tode selbst ein Mythos, und zwar zum fragwürdigen Mythos der Unversehrbarkeit.

Die sichtbare Erfahrung

Pasolinis Filme sind Passionsgeschichten proletarischer Figuren. Deshalb sind den unausweichlich zum Stellvertretertod bestimmten Körpern physische Lust und Qual als Embleme des Martyriums eingeschrieben. Das macht die Orte zu Kreuz-Stationen der Proleten-Passion, zu Stätten der Entrückung von gemeinem Leben, das auf der letzten Strecke durch die »Weihe des Sinns« mythisiert wird. Das Gemeine wird erlöst. Davor steht die Agonie.

Es ist nicht der Fall, daß Pasolini die Körperlichkeit nur mit dem Blickinteresse eines politisch erklärten Homosexuellen belieh, der in seinen Filmen zum Anwalt der sexuellen Befreiung würde, wie der englische Kritiker Robin Wood es sah.[6] Sein Kollege Richard Dyer widersprach und stellte die Bilder des Männlichen bei Pasolini in den Traditionszusammenhang selbstunterdrückender Rhetorik und gängiger Warenästhetik. Dyer schrieb: »Das beharrliche Vorzeigen von Jugend, Schlankheit und Muskeln in den Bildern männlicher Attraktivität hat, bei Pasolini wie bei anderen, die Wirkung, den Kreis junger Männer einzuengen, die als attraktiv gelten. Eine Vorliebe für alte, fette oder effeminierte Männer kommt nicht in Frage. Diese Körper werden nicht gefeiert.«[7]

Diesem Befund zu folgen hieße, selbst der Blickengung anheimzufallen, die Warenästhetik auf die Darstellung von Körpern lenkt. Es steht jeder Präferenz und Perversion frei, in den Filmen das eigene Blickinteresse zu verfolgen; Dyers Befund aber schließt Pasolinis Blick auf deformierte Körper aus, die in der Tat als Topos wie als Ort gefeiert werden.

Andererseits gibt es Spuren der selbstunterdrückenden Rhetorik, die aber kaum dominant sind.

Sie finden sich vor allem in dem Film *Il fiore delle mille e una notte*, in dem kommerzielle Mechanismen lustbetonte Homosexuelle sogleich mit tödlichen Strafen belegen. Nackt wird ein Prinz auf einem Eiland angespült. Im unterirdischen Verlies entdeckt er den fünfzehnjährigen Königssohn, der ihm seine eigene Ermordung prophezeit. Die Kamera feiert das brüderliche Tollen der Männer im Bad, was Robin Wood Zeichen befreiter Sexualität dünkte, ohne die folgenden Signale zu bewerten. Im Schlaf erdolcht der angespülte Prinz den Königssohn. Die Kamera fährt liebevoll über den Knabenkörper, entblößt ihn noch einmal in der zärtlich aufdeckenden Bewegung, ehe das Messer des

Mörders in den schönen Leib fährt. Tod ist die eine Strafe, die Metamorphose zum Tier die andere.

Der Dämon (Franco Citti) verwandelt den Königssohn in einen Affen. Damit aus dem Affen der Prinz wieder treten kann, muß die ihn erlösende Prinzessin in Nepal verbrennen. Eine andere, ihn liebende Frau wird vom Dämon gemetzelt, der ihr Arme und Beine abhackt, ehe ihr zuckender Stumpf verendet.

Die angenommene Attraktion der Körper liegt nicht allein in deren Unversehrtheit. Ihre Lust ist nicht nur eine der Vereinigung, sondern eine der Zerstückelung, der Teilung.

In *Porcile* steht der mittelalterliche Kannibalismus stellvertretend für den modernen Faschismus der fabrikmäßigen Massenvernichtung von Menschen. In einer vulkanartigen Landschaft irren Pierre Clémenti und Franco Citti als menschliche Bestien umher, die in einem Opferritual ihre Feinde kochen und vertilgen. Aber endlich wird ihr Ritual mit Strafe vergolten, wenn christliche Soldaten diese menschenräuberischen Bestien fangen, ihre nackten Körper an Pfähle fesseln und sie den Wölfen zum Fraß überlassen.

Auch die Mörder des Industriezeitalters sind deformiert. Die Faschisten, die in *Porcile* durch Bonn-Bad Godesberg irren, sind an Rollstuhl und silberne Krücken gefesselt.

Körper und Orte signalisieren bei Pasolini eine Grenzüberschreitung, sei es in den topischen Zwischenzonen, sei es in utopischen Zonen, in denen die Körper an keinen Ort mehr gebunden sind. Pasolini setzte nicht auf glatte, widerspruchsfreie Körperlichkeit, an der sich der Wunschblick eines wie immer geprägten Zuschauerinteresses festsaugen könnte. Die Körper sind nie bloß klassizistisch geschönt. Sie entsprechen keinem in der Kultur tradierten Ideal. Sie erfinden eine neue Schönheit: in der Ästhetik des sogenannten Häßlichen. Was bloß besagt, daß den Körpern die Spuren und Narben der Erfahrung von Arbeit, Mangel und Elend belassen werden, ja: als Emblem ihres proletarischen Martyriums Rang gewinnen. Die alten, fetten und effeminierten Männer (die laut Dyer gar nicht vorkommen) kommen vor, und zwar als Epiphanien des grotesken Lebens.

So gewinnt Pasolini der Passion noch satirische Züge ab. Er steht in der Tradition karnevalistischer Lachkultur, wie sie der russische Literaturtheoretiker Bachtin einmal am Werk von Rabelais ausmachte:

»Das Groteske hat es ... mit allem zu tun, was aus dem Körper herausragt oder herausstrebt, was die Grenzen des Leibes überschreiten will. Für die Groteske gewinnen allerlei Auswüchse und Abzweigungen besondere Bedeutung, die den Leib außerhalb des Leibes fortsetzen. (...) Die wesentlichen Ereignisse im Leben des grotesken Leibes, sozusagen die Akte des Körper-Dramas, Essen, Trinken, Ausscheidungen (Kot, Urin, Schweiß, Nasenschleim, Mundschleim), Begattung, Schwangerschaft, Niederkunft, Körperwuchs, Altern, Krankheit, Tod, Zerfetzung, Zerteilung, Verschlingung durch einen anderen Leib – alles das vollzieht sich an den Grenzen von Leib und Welt, an der Grenze des alten und des neuen Leibes.«[8]

Die Orte der Kamera

Pasolinis Filme sind innovativ darin, daß sie auf diese »Akte des Körper-Dramas« setzen. Ihr Materialismus fängt da an, wo er es sollte, ganz unten.

Die Orte in *Accattone* umfassen eine Schwimmanstalt am Tiber, ein Straßencafé, das Zimmer der Maddalena, einen an die Brandmauer eines Miethauses sich lehnenden Anbau, der mit Weinlaub überwachsen ist. Eine

Autobahnbrücke, eine Straßenkreuzung, der Ort der Prostitution. Der Steinbruch, verkarstetes Gelände, Steinhügel, zwischen denen Maddalena mißhandelt wird.

Das ist die Stadtsteppe zwischen urbanem Zentrum und den wildwuchernden Neubauten an der Peripherie. Das Ödland im Süden Roms. Extra muros in Richtung der Via Appia Antica. Müll- und Schuttdeponien, Tankstellen, Straßenbahnhaltestellen, ein Eisenlager (Accattones Arbeitsversuch), ein Platz, um gebrauchte Flaschen zu waschen (Stellas Arbeitsplatz). Ein Gefängnis, ein Verhörraum, ein öffentlicher Platz faschistischer Architektur, eine Kirche von außen.

Das sind Bilder der Wunde Stadt in ihren Zwischenräumen. In *Mamma Roma* wird der Zwischenraum durch zwei Zeilen aus Dantes »La Divina Commedia« bezeichnet. »Es stimmt, ich befand mich am Rande des Tales, des Abgrunds, der Schmerzen.«[9]

Die Kunst, das Zitat, der vorgefundene Ort verdichten Pasolinis Ort, der aus allem sich durchkreuzt. Die Kamera fährt oft voraus oder den Figuren parallel. Selten eröffnet sie direkt die Sequenz. Sie erreicht den Schauplatz erst durch ein Abtasten, den als rhetorische Figur genutzten Panoramaschwenk. Die Kamera grast die Trostlosigkeit ab, bis der Asphalt unter den Bildern sichtbar wird. Die Kamera ist halt- und ruhelos. Nicht der Held, die Gruppe, das Ereignis ist ihr Ziel beim Schwenken, sondern der Weg, den sie dabei nimmt, um den Helden Accattone in seinem Umfeld, Geflecht und Zusammenhang von Natur und Gesellschaft abzutasten. Eine stereotypische Eröffnung ist, im Panoramaschwenk Accattone inmitten seiner Gruppe abzugehen und zum Ausgangspunkt zurückzuschwenken.

Nicht der Weg ist das Vorläufige, die gesamte Strecke ist es, die festhält, was am Rande liegt. Der Marginalisierungsblick ist das Blickinteresse. Das Nichtinnehalten der

Zeit, das Zeit verbraucht, verfilmt die Kontingenz des elenden Alltags besser, als jeder Diskurs sie bestimmen könnte.

Im Erstlingsfilm tastet sich Pasolini an die Schnittpunkte heran und lungert an Straßen, die sich kreuzen, herum. Im Abtastschwenk liegt auch ein Sicherungsblick. Die Körper, die Physiognomien werden hin- und hergewendet, auffallende Gesichtsdetails wie Zahnlücken, abstehende Ohren, schielende Augen, vorgewölbte Bäuche, spitze Himmelfahrtsnasen sorgfältig eingeprägt. Pasolini setzt schon hier auf Deformationen, den grotesken Leib, der (wie Bachtin es sah) aus seinen Grenzen herauswachsen will.

Accattone: Körper / Politik

Gemütsäußerungen werden in Extremen ausgestellt: Accattone heult sich über die Frauen beim Widersacher, dem Zuhälter aus Neapel, aus und fällt schluchzend in dessen Schoß. Dann wieder das überspannte, irre Lachen, das die Hungerleider platzen läßt: mit Schadenfreude. Mißgunst, Eifersucht, Gier in heftigster Bewegung, die den Körper treibt. Accattone ist ganz der Schmerzensmann, obwohl selbst ein elender Ausbeuter. Der Wagemutige, der den Todessprung nach dem Essen von der Brücke in den Fluß riskiert: ein Entschlossener, halbnackt, neben dem steinernen Engel, der das Kreuz hält, das Accattone vor seinem Sprung gestisch schlägt.

Auch die naive Stella schlägt das Kreuz, als sie an der Kirche vorbeikommt. Zum Schluß schlägt ein Komplize des Mundraubs vor dem toten Accattone das Kreuz; mit Handschellen gefesselt: Der groteske Leib ist komisch und gibt dem Martyrium eine satirische Schlußpointe.

Accattone hat Stella am Abend im Flußlokal an einen Freier verschachert und ernüchtert sich durch Eintauchen des Kopfes in den Tiber, wälzt sein Gesicht im Sand und sieht sandbedeckt in die Kamera: in grotesker Erstarrung, die schon eine Totenmaske präfiguriert.

Seine Verwandlungen werden durch Kleider oder Accessoires markiert. Beim Spaghettikochen reift der Plan, die möglichen Mitesser auszubooten. Accattone und sein Freund feixen im Hinterzimmer. Mit Frauenhut und Damenkorbtasche auf ihren Köpfen führen sie eine groteske Deformation vor, aus beiläufigem Spaß entwickelt.

Die Gruppenbewegungen der Körper dagegen: die Frauen marschieren nach dem Ende der Arbeit in Zweierformation, zum Feierabend umgezogen, Männerblicken wieder appetitlich präsentiert, was Accattone wohlgefällig registriert. Der Frauenzug durchquert diagonal das Bild. Die jungen Männer dagegen quirlen immer als Rudel durchs Bild. Eine gezügelte Bewegung wird gegen die ungezügelte Bewegung gesetzt. Diese Bewegungsformen baut Pasolini in visueller Klimax auf.

Zwei Schlägereien finden statt. Das sind die Augenblicke für demonstrierte Rauf-Lust. Die Blicklust an verkeilten, sich wälzenden, verschlungenen, ununterscheidbar kämpfenden und womöglich liebenden Leibern, gleich ob Accattone im Streit mit seinem Ex-Schwager oder im Streit mit seinen Freunden liegt, die ihn provozieren, nachdem er seine erste Arbeit fand. Diese Sequenz ist nicht durch kleine Phasen, Schnitte zerlegt, sondern als Plansequenz aufgebaut, in der die Körper selber ihren Rhythmus, ihre Klimax bestimmen. Einzig die Bewegung der Körperknäuel muß den leeren Raum füllen und Blicke der Umstehenden auf die Szene lenken.

Accattone trottet gesenkten Hauptes durch die Straßen, ein hoffnungsloser Fall, ohne Perspektive, eine Augenblicksexistenz, deren verschlagener Blick, wenn er sich noch erhebt, bloß noch ein Aufzucken kurz vor der Selbstaufgabe ist, dem der Ausdruck des Darstellers Franco

Citti eine sich hemmungslos verschwendende Energie verleiht. Im Traum von seinem eigenen Tod darf Accattone seiner Beerdigung nicht beiwohnen. Er hat eine Vision. Seine Spießgesellen der Larmoyanz und Falschheit, die Gruppe um den Zuhälter aus Neapel liegt erschossen im Sand. Sie könnten von einstürzenden Bauten erschlagen oder von einem Killer-Kommando exekutiert worden sein. Sie sind nackt in einer Stellung, wie überrascht, gebannt im Leben festgehalten. Opfer wie aus Pompeji oder Opfer politischer Gewalt. Der Racheblick in Accattones Alptraum nimmt ihnen den Rest an Würde. Die Körper liegen, als seien sie der Stadtsteppe, dem Ödland eingewachsen. Denaturiert im Leben, werden sie im Tod ein Stück Natur unter anderen.

Ein Beispiel, wie Orte und Körper zusammenwachsen, ist Maddalenas Martyrium im Steinbruch, der zu ihrem »Golgatha« wird. Was zunächst wie eine chevalereske Umwerbung durch die napolitanische Bruderhorde aussieht, erweist sich als brutale Vergewaltigung und Mißhandlung des Frauenkörpers. Die Kamera verdeutlicht die Isolation und räumliche Desorientierung der Frau durch Großaufnahmen auf ihre Handtasche, den verlorenen Schuh, dann ihre horizontale Lage der Hilflosigkeit. Der Körper wird der Materie eingeebnet, in die er fiel.

Die Frau wird erst umworben, dann erniedrigt.

Accattones Sohn wird erst geküßt und dann bestohlen.

Einzig konsequent ist der Amoralismus der Figuren, nicht des Regisseurs. Die Deformation der Frau nimmt hier immer deutlichere Züge an. Unter den zerrupften, aufgedrehten Haaren verhärtet das Gesicht der Frau, die nun unglücklich-komisch, »männlich« Jack Lemmon mit verrückter Perücke in *Some Like it Hot* ähnelt. Sie soll hier ihr Gesicht verlieren. Ihr Körper fällt zu Boden. Seine Hinfälligkeit erhält eine bildliche Vanitas-Metapher: Staub zu Staub.

In der kleinen Film-Farce, die Pasolini dem Othello-Stoff abgewann: *Che cosa sono le nuvole?*[10], werden die erwürgten Übeltäter auf die Müllkippe geworfen: »mondezza« sagt ein Schriftzeichen, und das hat im Italienischen den paradoxen Doppelsinn von »Reinheit« und von »Abfall«.

Diese Todesphantasien – schärfste Einwirkungen auf die Natur des Körpers: Entstellung, Zerstückelung – sprechen für Pasolinis grotesken Zugriff auf die Körper, die in den Zonen, den Rändern angesiedelt sind, dem ortlosen Dazwischen.

Carlo Levi schrieb über *Accattone*: »Diese Welt des ›Lärms und der Raserei‹, oder, wenn man will, der ›Tollwut‹, kann keine Sprache besitzen, sondern nur die Wörter des Lärms, der Raserei oder der Tollwut. Aber diese Welt drückt sich aus mit einer Sprache, die aus Gesten, aus Gesichtern, aus Haltungen, aus stereotypen Redewendungen, aus Gebräuchen, aus Aufmachungen, aus Baracken und Hütten, aus ärmlichen Brunnen, aus staubigen Straßen und Plätzen, aus dürftigen Wiesen besteht. Sie drückt das Grau des Schlamms, des Elends, der Krankheit aus und besitzt zugleich eine lebendige, eine anarchistische, eine trostlose Kraft, die ursprüngliche Kraft dieser Menschen, die noch nicht von dem Konformismus der Massenzivilisation berührt sind.«[11]

Carlo Levi erfaßt Pasolinis Universum aus Körpern und Orten. Daß jene als trostlos erkannte Kraft ein irrationaler Akt der Revolte sein kann, Körper-Politik als letzte Bastion des schon verlorenen Kampfes, mutet modern an in Levis Einschätzung. Daß die trostlose Kraft aber die ursprüngliche Kraft jener Verlorenen sei, die als die unedlen Wilden des 20. Jahrhunderts hypostasiert werden, bringt Levis Argument Pasolini selber nahe, der anstatt Massenzivilisation »die Macht des Konsumismus« setzte.

Politik am eigenen Leib

Körpern der Passionsgeschichten begegnet man in *Mamma Roma* und *La ricotta*. Ettore, der Sohn der »Mamma Roma«, ein Gelegenheitsdieb, stirbt im Gefängnis, das in Rom »Regina Coeli« (»Himmelskönigin«) heißt. Der sich aufbäumende Körper wird auf einer Trage festgeschnallt, der Sterbende verdämmert im Fieberwahn. Die Kamera erfaßt ihn in frontaler Aufsicht. Zweimal fährt sie über den Leib von Kopf bis Fuß, blendet das Gitterfenster der Zelle ein und tastet zum Abschied ein drittes Mal den Körper, nun ein Leichnam, ab. Bekannt ist, daß Pasolini dieses Totentableau nach einem Gemälde von Mantegna (»Der tote Christus«) inszenierte. In *La ricotta* geht er soweit, die Passion Christi in der Kreuzigung dem Manieristen Rosso Fiorentino (»Kreuzabnahme«) nachzustellen und das Pathos des Todes in eine groteske Szene zu überführen. An Stelle Christi, der als Stellvertreter starb, stirbt ein Statist namens Stracci, was soviel wie »Lumpen« heißt, um an Lump zu gemahnen, so wie »accattone« im römischen Jargon den Beruf des Zuhälters benennt. Schon der Name würdigt diese Männer zu einem Stück Materie herab.

Ettore aus *Mamma Roma*, Stracci aus *La ricotta* wie schon Accattone erleiden eine proletarische Passion, die keine Erlösung mehr verheißt, im Arrangement der Körper und Orte die alten Meister der Kunst zitiert, um die anonymen Körper, die kein Künstler sonst beschriebe, in den kollektiven Mythos einzureihen. Christentum und Marxismus, die so oft beschworene Synthese im Leben und Schaffen Pasolinis, hat ihren emphatischen Ort in der bezeichneten und beschriebenen Körperlichkeit, die eine individuelle Fixierung auf den Leib durch die Politik am eigenen Leib auflöst.

Wie Pasolini Körper als politische Embleme einsetzt, zeigt er in *La rabbia* (1963). War er ein Pessimist der

Geschichtsphilosophie? Die Geschichte ist hier, im vorgefundenen Archivmaterial, eine Folge von farbigen Befreiungskämpfen und Bilanz der Toten. Alle diese gebundenen, gefesselten, geschlagenen, gefolterten, erhenkten, erschossenen, zerfetzten, mit den Füßen nach oben baumelnden Körper aus Ungarn, Kongo, Kuba zu dem Kommentar der pathetischen Repetition, der poetischen Trauer, der Beschwörungsformeln! Viel Kolorit, wenig Hoffnung herrscht hier, und über allem ein melancholischer Witz.

Dagegen die Körper der Macht, wie sie erscheinen: Papst Johannes XXIII. bei der pompösen Amtseinführung, der Kosmonaut Gagarin vor Chruschtschow, und Fidel Castro aufgeregt telefonierend, ausholend redend. Die Macht hat gesunde und mächtige Leiber, die raumgreifend sind, sich blähen und eine Fülle beanspruchen, die einzig ihrer Macht zukommt. Pasolinis Kommentar staucht sie zurecht. Diese Körper sind Marionetten, Puppen und Masken der Macht. Pasolini hatte ein vorgefundenes Material nur neu zu arrangieren. Inszenierte er es selber, wichen die Formen von den historisch vorgegebenen kaum ab. Die kolchischen Priester, die in *Medea* das Opfer fesseln, ans Kreuz binden und ihm mit einem Baumstamm das Genick brechen, bevor sie es schlachten, zerstückeln und sein Blut an die Menge verteilen, sind halbnackt wie das Opfer. Dekor und Farbe, mit dem sie den Knaben bemalen, werden zur zweiten Haut. Ein Ritual vollzieht sich. Die Menge umringt den Zerstückelten. Das entspringt der Choreographie der Einkreisung, des Umzingelns, Bewachens und schließlich Tötens. In *Medea* wird ein Ritualmord nach dem anderen: der Mord als Ritual vollzogen. Die Kolcher sind das Archaische, die Erstarrung. Die jungen Griechen dagegen, Jasons Kampfgefährten, sind die sportiven Sieger. Ihr Kostüm ist so knapp bemessen wie bei Revuegirls, die ihre Beine schmeißen. Die Argonauten tanzen das Ballett der Eroberer. Die auf dem Campo Santo (in Pisa) tanzenden Argonauten bewegen sich im Reigen, der sich unter Medeas Blick auflöst und neu formiert. Von diesem Chor der Männer ist Medea ausgeschlossen und wird ganz Verzweifelte, die nichts mehr zu verlieren hat als ihre eigene Würde. Sie hetzt die alte Amme und ihre Bediensteten gegen ihren Mann Jason auf. Die Kamera zeigt die Frauen im dunklen Innenraum.

Pasolini setzt hier eine neue Choreographie ein: Zur Litanei des Hasses auf die Männer eilen und huschen die Frauen über die Fliesen. Abrupt wenden sie sich, kaum stoßen sie ans Ende des Raumes. Sie drehen auf der Stelle und hasten doch vorwärts. Ihre Bewegung will ein chorisches Fließen suggerieren und zeigt aus leichter Aufsicht, den Frauen fast an die Schulter gelehnt, doch nur einen abgerissenen Aufbruch. Die Bewegung bleibt stecken. Körper werden an einem Ort gebannt. Die abrupte Bewegung der Frauen wird nicht als ganze Form überschaubar, die der Männer in ihrer Choreographie aber verführerisch eingängig demonstriert.

An Männerkörpern zeigt Pasolini gelöste, organisierte Sinnlichkeit, die vollkommen über sich als Ort verfügt; an Frauen zeigt er eine suchende Sinnlichkeit, die im Raum nicht über sich verfügen darf: eine desorganisierte Bewegung.

Wie Pasolini Gesichter enthistorisiert, um seinem Mythos Platz zu schaffen, zeigt der Film *Il Vangelo Secondo Matteo*. Als historisches Ereignis erzählt, wäre die Geschichte zugleich eine individuelle. Das unterbleibt. An deren Stelle setzt Pasolini eine Naivität, die er als kollektive sich erträumt. In seinem *Matthäus-Evangelium* werden die Gesichter zu Ikonen.

Wie schon in *Accattone* herrscht die stereotype Rhetorik des Panoramaschwenks, der über Gruppen von Menschen streift und sich in eingeschnittenen Großaufnahmen auf entindividualisierten Gesichtern ausruht. Kinder »sind« arm, aber fröhlich; Frauen »sind« ernst und gefaßt, die Hohepriester »sind« überheblich. Ihre Denotationen erfahren gesellschaftliche Figuren durch einen festgelegten Ausdruck und wiederkehrende Accessoires.

Die Hohepriester sind eine Kaste alter Männer, die hohe, zylindrische Hüte tragen, die sie über die Ohren an den Kopf anbinden. Die römischen Soldaten tragen flache Helme, und erst zur Kreuzigung plötzlich kompakte Kampfhelme.

Die Kamera blickt mit den Augen des Evangelisten. Sie suggeriert den Augenzeugen und will Wahrhaftigkeit der Geschichte im Augenblick ihrer Transzendierung zum Mythos erzwingen. Bei der Szene »Christus vor Pontius Pilatus« bleibt die Kamera hinter den Köpfen der neugierigen Masse stehen. Sie wird abgedrängt und verliert das Opfer aus den Augen. Christus spricht; Matthäus sieht. Die Kamera skizziert im hastigen Gedränge der Geschichte. Sie schafft kein Tableau, sie gibt Notate. Eine dramatische Szenenauflösung findet nicht statt. Die Kamera beharrt auf vorgefundenem Schauplatz, diesen gleichsam dokumentarisch festzuhalten.

Christus ist aus dieser Perspektive die Kraft, die einen visuellen Keil in die Masse treibt. Er schafft Freiraum für seine Lehre. Er spricht nicht mitten unter seinen Jüngern. Er ist ihnen räumlich weit voraus, nicht gerade jeder Zoll Sohn Gottes, eher ein ungeduldig Eifernder in Zeitnot, seine Lehre zu verbreiten. Dieser Körper sucht die Konfrontation mit dem Raum der Geschichte mehr als mit den Körpern seiner Mitmenschen. Wo er auftritt, trennt sein Körper den Schauplatz. Er ist ein Revolutionär im physischen Sinn, noch ehe die Metaphysik ihr Spiel treibt.

Der Schauplatz »ist« Jerusalem und andere Bibelstätten. Gezeigt aber wird die verödete Höhlenstadt Matera, die Provinzhauptstadt Lukaniens. Das war der Aufenthaltsort des verbannten Carlo Levi im Faschismus, nach dessen Erinnerungsbuch »Christus kam nur bis Eboli«[12] der Regisseur Francesco Rosi seinen Film drehte; Matera war auch der Herkunftsort von Rocco und seinen Brüdern in Luchino Viscontis Film.

Wenn Pasolini dieses Matera, die Brutstätte der Hoffnungslosigkeit, zur Stätte historischer Hoffnung in der biblischen Geschichte macht, zielt seine Wahl auf eine emphatische Widerrufung des Diktums, demzufolge Christus über Eboli nie hinausgelangte.

Die Stätte der Hoffnungslosigkeit wird mit Hoffnung belehnt. Dazu ist allerdings Bedingung, daß der Körper Politik am eigenen Leib macht, indem er seine Geschichte zu Lebzeiten noch mit dem Mythos des Künftigen erfüllt. Wenn Pasolinis Filme in ihrer idealen Ganzheit auf Passionsgeschichten hinauslaufen, dann liegt ihr Sakrileg nicht in der Banalisierung des Biblischen, sondern in der neu behaupteten Heilserwartung für jene, die als Zeitgenossen der »neuen« Passion unterworfen sind: die Proletarier.

Pasolinis Mythos ist, daß »seine« Proletarier sich nicht mit der Kraft der vereinten Klasse solidarisieren, sondern mit der Kraft vereinzelter Körper. Sichtbar wird sein Mythos in der Gewalt, mit der sich seine Figuren aufbäumen. Aber: mit letzter Kraft, dann folgt die Agonie.

Die Sehnsucht nach Zukunft

Zum Schluß ein Beispiel, wie Pasolini in seinen Filmessays verfuhr und gleichsam eine Vor-Form zu seinen Filmen fand: *Appunti per un' Orestiade Africana*[13]. Hier wird die Wirklichkeit im Konditional erzählt, und dabei sind Gesichter, Orte gezeigt, als suche Pasolini Darsteller und Schauplätze für einen möglichen Film, zu dem der vorläufige das filmische Notizbuch sei. Pasolini spaziert durch das moderne Afrika wie ein Amateur, der im raschen Überblick erst unsortiert zusammenrafft, was sich ihm auf den ersten Blick eröffnen und verschließen könnte. Der erste Blick ist auch immer der letzte Blick, es gibt keine Revision, keinen spürbaren Schnitt, nur das Überschreiben durch ein späteres, ein zweites Bild.

Seine Kamera ist eine leichte Handkamera, ohne größere kinematographische Operationen als ein sehender, den Kamerablick tragender Körper sie zuläßt. Diese Kamera suggeriert einen unruhig schweifenden Blick, der zupackend ins Detail springt, ohne das Ganze je aus dem Augenwinkel zu verlieren. Eine absolute Subjektive des Autors, der daneben steht und pausenlos sprechend interveniert.

Pasolinis Blick ist ein Sicherungsblick im Vorübergehen. Nichts steht dabei, oder auch danach, fest. Die Kamera erfaßt keine gesicherten Erkenntnisse. Vollführt sie einen Schwenk, dann ist es wie Kopfwenden, weil ein Geräusch im Hintergrund des Kameramannes seine Aufmerksamkeit erregte und er das, was er vor sich hat, bedenkenlos fallenläßt.

Die Körper, durch die Kamera erfaßt, beunruhigt, erstarren unter ihrem Objektiv. Einzig ihr Schwenk wiederbelebt die Körper und löst den Bann. Gewagt gesagt: das ist ein promisker Blick, der von allen Körpern einen Anblick erhaschen und jeden wenigstens im Schattenriß streifen will.

Gezeigt wird Kampala, die Hauptstadt Ugandas, bezeichnet wird die Stadt aber als mögliches »Athen«. Ein für Pasolinis Mythologie ausgedachter Ort eines Reisenden, der seine Klassiker im Kopf und das nur denkbar Disparate vor Augen hat. Natürlich weiß Pasolini, daß er nicht in Griechenland reist. Aber das Äußerste, was er dem Realismus abverlangt, ist die Metaphorisierung seines

Afrikas zur Vision des alten, unter seinem Blick auferstehenden Orest-Mythos, der von der Zähmung archaischer Kräfte zur Demokratie handelte. »Afrika«, das hat für jeden Italiener, der nördlich von Rom sozialisiert wurde, die Konnotation von Archaik, vom Reich des Bäuerlich-Ungeschliffenen, vom Territorium, das laut Carlo Levi Christus nie erreichte.

Pasolini reist, aber er bewegt nicht nur sich zu den Schauplätzen, sondern er bewegt jene in sein Reich der Vorstellungen, die er den zunächst naiv wahrgenommenen Körpern und Orten überschreibt. Kampala, die Hauptstadt Ugandas, könnte »die *alte moderne* Stadt Athen«[14] darstellen. Zwischen »alt« und »modern« setzt Pasolini kein Wenn und Aber. Sein Mythos ist Gegenwärtigkeit durch Evokation des Gleichzeitigen.

Er zeigt gegen Schluß seines Filmtagebuchs einen Bauern, der mit einer Handegge den Acker bearbeitet. Die Kamera geht dabei nicht den gezogenen Furchen nach, sondern schnellt dem ausholenden Mann nach, der die Arme hochreißt, um das Werkzeug mit Kraft in den Boden zu senken. Die Arbeit und das Werkzeug interessiert Pasolini mehr als das Produkt der Arbeit. Deshalb vollführt die Kamera einen verrissenen Vertikalschwenk, der wiederholt das Bild durch seine Wildheit der Bewegung zerreißt und keine Ansicht vom Ganzen erlaubt. Jeder Dokumentarfilmer würde diesen normalen Arbeitsvorgang aus »sicherer« Entfernung in einer Totale zeigen und ein Umfeld einbeziehen, aus dem der Zuschauer sein Urteil fällt.

Pasolini drängt sich nah heran. Ihn interessiert nicht die objektive Berichterstattung. Fraglich wird, ob dies ein Dokumentarfilm über das moderne Afrika ist. Eher scheint er die persönliche Vision des Autors zu dokumentieren, der mit, im normativen Sinne, unreinen Mitteln die Regeln der Distanz, der Urteilsautonomie für den Zuschauer verletzt.

Mit allen Mitteln will Pasolini die gefundenen Bilder seinem Sinn unterwerfen. Das stärkste Mittel ist seine Stimme.

Sie setzt fast nie aus. Unermüdlich beschreibt und bezeichnet sie. Sie beschreibt im naiven, fast liebenswürdigen, amateurhaften Sinn Körper und Orte: dies ist der Viktoria-See, hier sind die Bauern im Bild, da neugierige Kinder. Oder, weitergehend: wir sind in... Unaufhörlich ist seine Rede: weil sonst die Bilder zu sprechen begännen. Pasolinis Stimme ist aber die einzige, die zugelassen wird zu sprechen, die alles erklärt und bezeichnet – bezeichnet und transformiert.

Sieht man den Bauern eggen, hört man den Chor der Roten Armee, der ein Befreiungslied der Partisanen singt, die den Faschismus mitüberwanden. Versteht man den Text nicht, klingt zumindest die Konnotation »bäuerliche Welt« an; erkennt man die ausübenden Musiker, konnotiert man das Signal »Arbeiter- und Bauernstaat; Revolution«.

Davon spricht Pasolini aber nicht. Die aktuelle Gegenwart Afrikas läßt er ebensowenig wie die erfahrene Geschichte ein; jedenfalls nicht als Historiograph. Er läßt die Geschichte als denkbare ein, er selber erstellt seinen Entwurf von Geschichte, der eine vollständige Transformation der Wirklichkeit in die Gegenwärtigkeit des Mythos sein will. Afrikas Zukunft, lautet Pasolinis Konklusion, sei »in der Sehnsucht nach Zukunft«[15].

Diese »Sehnsucht« ist kein bezeichenbarer Ort, kennt keine historischen Körper, die ihn durch Arbeit mit historischem Sinn füllten. Diese Sehnsucht ist ein sozialer Zwischenraum, eine Zone zwischen den Zeiten. In dieser noch nicht mit Sinn erfüllten Zone liegt Pasolinis Geschichtsraum. Es wäre leicht, ihm im Diskurs, den er führt, kulturellen Imperialismus vorzuwerfen. Da stellt sich der Regisseur vor afrikanische Studenten in Rom und fragt sie, ob sie sich nicht auch ein wenig wie Orest fühlten? Einige antworten gebrochen auf Französisch, andere im fließenden Italienisch, ohne daß darin ein Stück Kolonialgeschichte (z.B. der Abessinienfeldzug Mussolinis) reflektiert würde.

Ein Blick auf den Biafra-Krieg, eine realistische Szene einer Exekution, und doch keine Spur von Dokument! Denn Pasolini hatte diese Sequenz im Vorlauf schon bezeichnet als »Variante« des Krieges der Griechen gegen die Trojaner. Pasolini kommentiert diese dem Archiv entnommene Aufnahme nicht mehr. Zum ersten Mal schweigt er: »Mi mancano le parole di communicare«. Nicht nur versagen ihm die Worte; er verweigert sich ja auch im ganzen Film der üblichen Kommunikation. Er gibt hier das Wort an die Musik ab. Barbieris Saxophon darf in die »Sinnlücke« springen mit einer heftig improvisierten, ausschweifenden Klangfigur einer »Totenklage«.

Russische Partisanenlieder, italienisch redende Studenten aus der Dritten Welt in Rom, nordamerikanisch singende Künstler im römischen Tonstudio, die eine gesungene Orestie und deren Möglichkeitsform als Ballade ausprobieren, dazu synkretistischer Jazz des Brasilianers Gato Barbieri am Saxophon, englische Inschriften, die öffentliche Institutionen in Afrika bezeichnen: Pasolini rafft die fremden Töne und Schriften der Dritten Welt, die zu ihm gebrochen sprechen, in seinen Diskurs über die Dritte Welt zusammen, der vom Universalismus spricht, ohne ihn so zu benennen. Sein Ort wäre ein Babel, in dem das Durcheinander der Sprachen und Klänge kein sozialer Makel, sondern Ausdruck utopischer Koexistenz aller wäre.

Sein Verfahren ist keine geschlossene Methode, hier verpflichtet eher einer offenen Form, dem Blick in die Werkstatt der Gedanken, die große Sprünge durch die Zeiten eben wie der Mythos machen. Diese Vision ist sichtlich hergestellt, vor aller Augen fabriziert erstanden.

Mein Versuch, Pasolinis Raumschrift zu entwerfen, galt der Physik ihrer Bewegungen, ihrer gestisch sichtbaren Entfaltung. Ich wollte, indem ich auf Körper und Orte mich beschränkte, das Gesicht der Materie lesen, aus der diese Filme gemacht sind. Mögen andere Kritiker Pasolinis geistige Physiognomie nachzeichnen; mich interessiert die Physis seines Geistes, die Form, in der sie Ausdruck gewinnt. Die Phänomenologie ist noch immer nicht erledigt.

»Einerseits wollen wir die Wahrheit aus ihren Verkleidungen schälen und andererseits stellen wir fest, daß wir sie reicher entfaltet auf der obersten Oberfläche und der äußersten Außenhaut buchstabieren können. Wir suchen sie innen und finden sie außen.«[16]

1 Mein Titel zitiert ein Buch. Das bedarf eines Hinweises. Der italienische Filmtheoretiker Michele Mancini veröffentlichte im Theorema-Verlag (!), Rom 1981, ein Buch, das er »Pasolini – corpi e luoghi« nannte: Körper und Orte. Es ist ein Bilderinventar mit Tausenden von visuellen Belegen zu Verhaltensmustern Pasolinischer Figuren. Essen, Hungern, Kämpfen, Lieben, Schlafen, Leiden, Sterben ist der Themenkatalog, der wie ein Lexikon den Bild-Schatz Pasolinis erschöpfend belegen will. Diesem Buch fehlt noch der Sinn. Man muß ihn investieren, ihm eine Lesart unterstellen, dann ist es sehr nützlich.
2 Vgl. Pier Paolo Pasolini: Abiura dalla *Trilogia della vita*, in: IL MONDO, 15. Jun. 1975, und CORRIERE DELLA SERA, 9. Nov. 1975; sowie in: Ders.: Lettere luterane, Turin: Einaudi 1976, S.72. Vgl. deutsch in: FILMKRITIK No. 230, Februar 1976, S.93; sowie in: Ders.: Lutherbriefe, Übers. Agathe Haag, Berlin: Medusa 1983, S.60.
3 *Vgl. Pier Paolo Pasolini: Abiura dalla* Trilogia della vita, *in: Ders.: Lettere luterane, a.a.O., S.72; vgl. deutsch in: Widerruf der Trilogie des Lebens, in: Ders.: Lutherbriefe, a.a.O., S.60.*
4 *Vgl. Pier Paolo Pasolini: Appunti per un' Orestiade Africana, a cura di Antonio Costa, Quaderni del Centro Culturale di Copparo, Copparo 1983, S.44, Übers. KWi.*
5 Vgl. Jean Duflot: Entretiens avec Pier Paolo Pasolini, Paris: Editions Belfond 1970, S.116.

6 Robin Wood, der in THE TIMES EDUCATIONAL SUPPLEMENT, 16. Mai 1975, behauptete, seit dem Film *Il fiore delle mille e una notte* habe die »Befreiung« keinen beredteren Anwalt als Pasolini. Richard Dyer widersprach dem Kollegen Wood mit rigiden Argumenten. Vgl. Anmerkung 7.
7 Richard Dyer: Pasolini and Homosexuality, in: Paul Willemen (Hg.): Pier Paolo Pasolini, British Film Institute, London 1977, S.62; Übers. des verwendeten Zitates von KWi.
8 Michael Bachtin: Literatur und Karneval. Zur Romantheorie und Lachkultur, München: Hanser 1969, S.16f.
9 *Vgl. Dante Alighieri: Die Göttliche Komödie, Inferno, IV. Gesang, Vers 7f.*
10 *Das ist der dritte Teil des Episodenfilms* Capriccio all' italiana, *Italien 1967/68.*
11 Carlo Levi: Vorwort zur italienischen Ausgabe des Drehbuches von *Accattone*, Rom: Edizioni FM 1961; deutsch in: FILM, 1.Jg., Heft 2, Juni/Juli 1963, S.21.
12 *Carlo Levi: Christus kam nur bis Eboli, Übers. Helly Hohenemser-Steglich, München: dtv 1982.*
13 *Pier Paolo Pasolini: Appunti per un' Orestiade Africana, a.a.O., S.23ff. Übers. der folgenden Zitate von KWi.*
14 *Vgl. ebd., S.44.*
15 *Vgl. ebd., S.56.*
16 Gert Mattenklott: Der übersinnliche Leib. Beiträge zur Metaphysik des Körpers, Reinbek: Rowohlt 1982, S.15.

Jungmänneridyll
Pasolinis Nachlaßerzählung »Amado Mio« [1]

Unter Pasolinis unveröffentlichten Prosaschriften fanden sich zwei Erzählungen aus der frühen, friaulischen Zeit, die der Autor 1948 kurz vor seinem Umzug nach Rom niederschrieb. »Unkeusche Handlungen« (Atti impuri, ein Begriff aus dem Beichtspiegel, der die »Selbstbefleckung« umschreibt) und »Amado Mio«. Die erste Erzählung, in Tagebuchform abgefaßt, kann man als Skizze einer Konfession, einer Jugendbeichte lesen. Sie ist tatsächlich Vorform zur zweiten Erzählung, die literarisch sich von der Ich-Erzählung des Tagebuches löst und den subjektiv-selbstquälerischen Ton in ein durchstilisiertes Idyll überführt.

»30. Mai 1946. Eine qualvolle Woche jährt sich.«[2] ist der Beginn der »Unkeuschen Handlungen«. Der Autor dachte an Selbstmord und läßt sich dann doch von der Schönheit des 16jährigen Nisiuti zum Leben verführen. »Das schönste Hemd von Marzins erschien gegen Abend.«[3], so beginnt »Amado Mio«: mit einer rhetorischen Figur (»das Hemd« steht für einen jungen Mann, den ein andrer junger Mann begehrend betrachtet). Das Zwiegespräch des Autors mit sich selber weicht einem Dialog mit klassischen Vorbildern. Teils offene, teils verdeckte Zitate spielen an auf T. S. Eliot, Konstantin Kavafis, Kafka, Rousseau, Gide und Maurice Sachs. Pasolini, der junge, sehr regional verhaftete Autor bekundet, welche Literatur ihm das Studium in Bologna erschlossen hat. Er spickt seinen Text mit Weltliteratur, sein Text aber sättigt sich nicht daran, sondern an den Formen und Farben der Landschaft des Friauls und seiner jungen Menschen.

Er kommt rasch auf den Boden der Beobachtungen. Kein Ich erzählt mehr, die Sinne führen die Körper in Erfahrungen. Die Erziehung findet im Freien statt. Pasolini war zu jener Zeit kein beruflich angestellter Lehrer, sondern, wie dieser Tagebuchtext verrät, ein Lehrender, der mit den kriegsgeschädigten Dorfkindern eine autonome Heckenschule veranstaltete. Wo es eben ging, auf dem Heuboden, im Hof, auf Wiesen. »Sie ... sind immer fröhlich und heiter, alle Jungen haben Sie ins Herz geschlossen. Was wollen Sie mehr?«[4]

Die Dorfbewohnerin erhält auf ihre Frage keine Antwort. Der Leser wohl, denn sein Begehren nicht nur nach den Herzen, sondern den Körpern der Jungen zu schildern wird der Autor nicht müde. Das besondere Pathos liegt darin, daß ein 25jähriger über das Ende seiner Jugend schreibt und nur schreibend sie durch Exaltation der Jugend verlängert. »Unkeusche Handlungen« ist von Scham und Schande, der Nomenklatur des Sündigen angefressen, während die literarische Ausformung »Amado Mio« eine Transformation ins Himmlische, Engelhafte der Begierden unternimmt. Liest man genau, so erweist sich, daß die vermeintliche Unschuld der Knaben, mit denen das Tagebuch-Ich oder der sich vor Begierde verzehrende Desiderio (das Wünschen ist im Namen bezeichnet) durch die nichtidyllische Natur tobt (noch ist Krieg), eine literarisch hergestellte ist. »Er war an jenem Abend von einer Schönheit, die greifbar war wie ein Gegenstand: ein goldenes und mineralisches Licht, das im Inneren seines Körpers leuchtete und sein weiches, laues Fleisch mehr entzündete als seine Augen.«[5]

Die Farben und die Linien: Der Maler Pasolini versucht, den Aufruhr seiner Sinne, die Zerrissenheit, die sich doch eins wähnt mit den ersehnten Körpern, bildhaft zu übersetzen. Nicht die Einverleibungs- und Verschmelzungswünsche sind der Antrieb, sondern die Vergegenwärtigung des geliebten Knaben im Bild, in der begehrenden Betrachtung. Pasolini beschreibt die jugendlichen Körper als Gegenstände der sie einbettenden Natur. Aus dieser Quelle stammt sein Idyllisierungswunsch, junge Männer wie heidnische Gottheiten aus Baum und Fluß erstehen zu lassen, mit denen er, der Erwählte, sich eine Schmerzensfrist lang doch im glücklichen Augenblick glauben darf.

Ausdruck dieses panhaften, nie panischen Wunsches ist die Metamorphose des Jungmännerkörpers, die Pasolini studiert wie andere die Blattform der Urpflanze. Der Mensch als abgeschlossenes, fertiges Wesen interessiert den Autor nicht. Das Werden fasziniert ihn. So finden wir in diesen beiden Erzählungen ein unendlich reiches semantisches Feld zur Bezeichnung männlicher Jugend. Mit wieviel Zärtlichkeit der zaghaften Annäherung, mit wieviel ästhetischem Bewußtsein der Formabstufung, mit welchem Maß der malerischen Abschattierung ist dieses Feld umrissen: »bambinello« (Knäblein), »fanciullo« (Knabe), »ragazetto« (kleiner Junge), »raggazzino« (Bube), »giovanettino«, »giovanetto« (großer Junge) »giovincello«, »giovane« (Jugendlicher), »ragazzo« (Bursche). Die Übersetzung von Maja Pflug hat der Nuancierung dieser Sprache mit großer Kunst entsprochen.

Im Idyll, so teuer es erkauft sein mag, herrscht für einen antikischen Augenblick Heiterkeit. Die verfliegt. Pasolini, im Aufbruch nach Rom, in das Elend der Vorstädte, das ihn zum Anwalt einer verlorenen Jugend machen wird, versucht in diesen Erzählungen eine Heimkehr, die doch nicht gelingt. Er verschwendet alle Farben auf den Abschied, aber er vergoldet ihn nicht. Heimat, das ist eine Wunde, die sich bei ihm nie schließt.

Im Januar 1943 notierte er ins Tagebuch der »Unkeuschen Handlungen«: »Ich sehe mich, kaum aus dem Zug gestiegen, auf der vertrauten Straße, auf der man zu Beginn jedes Sommers das mütterliche Haus erreichte; jetzt durchzog sie den Ort wie eine riesige, leuchtende Wunde, in deren klaffender Vertiefung Jungen … gingen …«[6]

In diesem Satz ist zusammengefaßt, was Pasolinis Zielhemmung und gleichzeitig seine Triebenergie ausmachte: die Heimat, die Mutter, die Jungen – und all dies auf einer Linie: »der Straße« aufgereiht, in einer Blickperspektive. Die »Vertiefung«, die da klafft, heißt im Original »grembo«: was man auch mit »Schoß« wiedergeben könnte. Dieser Schoß wird metaphorisiert zur Wunde der Natur, zur Wunde *seiner* Natur.

Die italienische Herausgeberin hat eine editorische Notiz, und Attilio Bertolucci (ja, der Poet, Gelehrte und Vater des Regisseurs Bernardo) hat »Zwei biographische Fragmente und ein Envoy« hinzugefügt. Es ist nicht überflüssig zu wissen, daß das Schlußgedicht in »Amado Mio«[7] von Konstantin Kavafis stammt und »Einer ihrer Götter«[8] heißt. Von da erschließt sich die Erzählung, die Pasolini im Untertitel »Im Schatten von Kavafis« nannte. So erklärt sich auch, warum aus griechischen Säulengängen italienische Bogengänge wurden.

1 *Pier Paolo Pasolini: Amado Mio. Zwei Romane über die Freundschaft, Übers. Maja Pflug, Berlin: Wagenbach 1984.*
2 *Ebd., S. 9.*
3 *Ebd., S. 123.*
4 *Ebd., S. 97.*
5 *Ebd., S. 60.*
6 *Ebd., S. 34.*
7 *Ebd., S. 188.*
8 *Konstantinos Kavafis: Brichst du auf gen Ithaka …, in: Ders., Sämtliche Gedichte, Übers. Wolfgang Josing u. Doris Gundert, Köln: Romiosini 1983, S. 64.*

Uccellacci e uccellini
oder »Pasolinis Zauberflöte«

Große Vögel, kleine Vögel[1] ist die harmlose Fassung dessen, was »Schlimme Vögel und Vögelchen« heißen müßte und im Film selber bildhaft übersetzt wird mit dem Kampf unter Falken und Spatzen, nicht auf Leben und Tod, sondern: nur auf Tod. Bei allen Schriftsätzen aufgeklärter Tradition, allem Hausschatz der poetischen Revolutionäre von Marx bis Mao in diesem Film – zunächst gilt der Kampf nicht der Auseinandersetzung um die richtige Linie, sondern um die Alternative vor jeder Ideologie, das Fressen und Gefressenwerden. Auch das Aufgefressenwerden der Hoffnung durch die Aufklärung, die selber zu viele »Falken« unter den »Spatzen« aussetzte.

Es geht hier ums Überleben, um Sexualität und Tod. Dies ist ein Film von Vögeln und auch: vom Vögeln. »Uccello« ist eine Metapher von Pasolinis Schauplatz der Vorstadt, die vulgär das männliche Glied bezeichnet. Totò, der alte Komiker, und Ninetto, der junge Komiker (und Pasolinis Freund), Vater und Sohn, spielen hier zwei schräge Vögel, denen sich ein Rabe aus »dem Lande Ideologie«[2] hinzugesellt. Totò, der sich eine empfängnisverhütende Creme auf die wundgelaufenen Füße schmiert, anstatt sie seiner Frau zu geben, die ihm achtzehn Kinder gebar, und Ninetto, der mannbare Sohn, hüpfen und flattern mit ihrem Spatzenhirn durch die Welt römischer Vorstädte ins Maisfeld, um mit dem Mädchen am Wegesrande, das Luna heißt (noch eine verheißende Kraft der Natur) – nun kann man sich des Ausdrucks nicht verwehren – zu vögeln.

Ein bewußtloses Komikerpaar vom selben Stamm, das im Kreis der männlichen Begierden läuft und auf seiner

Wanderschaft keine Einsicht davonträgt. Den Raben, der sie Weisheit lehren will, verspeisen die beiden gemeinsam. Die Grabrede des Vogels klingt so: »Die Ideologien sind aus der Mode gekommen. Und hier ist einer, der spricht und spricht und immerfort spricht und nicht mehr weiß, wovon – zu Menschen, die vorwärts gehen, aber man weiß nicht, wohin.«[3]

Ist das, nach zwanzig Jahren Fortentwicklung, heute wieder aktuell? Ein Zeitgefühl, das gerade recht kommt? Daß auch die Ideologie, die sich räsonierend selbst verzehrt, noch ehe der Rabe, der sie vertritt, von den Dummen aufgefressen wird, hier redend sich ums Leben bringt? Eine Reise durch die Geschichte der Vernunft unternimmt und von dieser Fahrt auch ratlos heimkehrt? Bringen uns die Bilder nun weiter als das Reden, blickt der Mythos tiefer als der Diskurs?

Pasolinis Film ist der Versuch einer Antwort, poetisch und komisch, grausam und rührend, bescheiden und maßlos. Mühelos überspringt er alle respektierten Grenzen. Nichts ist ihm heilig außer der Demut. Das darf man nicht aus dem Auge verlieren, wenn man sich dieser Rhapsodie aus Einfalt und Marxismus, der Versöhnung von Christus, Darwin und dem Kommunismus stellt.

Große Vögel, kleine Vögel bringt Menschen und Tiere so nahe aneinander, um die Frage aufzuwerfen, was ließe sich von Tieren lernen, um menschlicher zu werden? Welche Schritte könnten erkannt, dann eingeübt und schließlich unternommen werden, damit sich die Gattungen dieser Welt in *einer* Sprache: der ihrer Körper, verständigten? Dieser Film ist ein Entwurf Pasolinis, den er zu seiner Utopie des Ungetrennten fertigte, gegen den seinerzeit herrschenden Diskurs der Vernunft, die allerorten Trennungen suchte und festschrieb.

Wenn schon Religion und Ideologie, Besitz und Nichtbesitz, das Wohnen in der Stadt und das Hausen in der

Vorstadt Pasolinis Menschen trennen, gibt es doch eine Form der Kommunikation, die über den Schatten springt, den soziale Zäune werfen. Das ist die Lust der Körper, das Begehren sprachlos auszudrücken, die sich im Rhythmus selbst genügt und keiner verbalen Verausgabung bedarf.

Am Anfang war auch bei Pasolini das Wort. Das Kino, sagte er, sei eine Explosion seiner Liebe zur Wirklichkeit gewesen[4], Ausdruck also ziemlich heftiger Affekte, die sich darin reiben. Hier wird der Vorspann gesungen, dann sieht man über einem Straßenbild, in das die beiden traurigen Gestalten männlicher Komik hineinspazieren, ein Schriftbild. Ein Zitat, kein Lehrsatz. Eine offene Frage und ein körperliches Achselzucken: Boh! »Wohin geht die Menschheit? Wer weiß das!«

Viele Interpreten betonen bei dieser gewichtigen Frage das Subjekt und ein gesuchtes Ziel. Aber, wenn der zitierte Mao diese Frage schon stellt, dann hatte er auch die Modalität im Auge, unter der diese Frage aktiv zu untersuchen ist, nämlich die Gangart. Wie *geht* die Menschheit denn, wenn sie geht?

Welches Tor soll sich am Ende eines langen Marsches öffnen? Nehmen wir an, die Menschheit marschiert. Sie kann auch spazieren, stolpern, hinschlagen und durchaus beflügelt davoneilen. Das sind Gangarten, und das sind Bedingungen, unter denen der Versuch gelebt wird, besser zu leben. Dies ist ein Film-Essay über die leichte Gangart, die an den Rändern schneller vorwärtskommt. Ob schlimme oder schräge Vögel, eines können sie alle, was wir nicht können, das Fliegen. Wir haben das Nachsehen.

Als Totò und Ninetto an der Bar »Las Vegas« vorbeitrödeln und jenen wunden Punkt in der Landschaft erreichen, an dem sich die Vorstadt in den Grüngürtel frißt, wollen sie rasten. Vor ihren Augen wird ein Tanz geprobt. Junge Männer stellen sich in einer Reihe auf und tapsen aus zaghaften Einzelschritten in die Kettenbewegung eines gemeinsamen Rhythmus. Mit der Musik können sie Schritt halten. Die Formation der Tänzer ist eine offene und lustvolle. Sie dient nicht der Demonstration von Kampfbereitschaft, sondern demonstriert den Einklang der Sinne. Wer Lust hat, mag mittanzen. Trifft der Bus ein, bröckelt die Tanzreihe so schnell ab, wie sie sich bildete.

Totò, der alte Komiker mit dem Straußenhals, mit Hochwasserhosen, einem schlotternden Jackett wie einem abgewetzten Bratenrock, dem flachen Hut und dem zerrissenen Schirm, macht die melancholische Figur des Tramps. Unbeirrt geht er festen Herzens geradeaus. Ninetto, sein jugendlicher Sohn, hüpft mit Jeans und amerikanischer Collegejacke auf Turnschuhen voraus. Ein munterer Springer, der jeder Sinnessensation nachjagt und doch nichts in Händen halten kann. Einmal trifft er einen Engel, seine Freundin, die sich zu einer Prozession verkleidet hat und unter Schrott und abgefahrenen Autoreifen sich anmutig davonstiehlt. Das ist eine Chaplineske Pilgerfahrt ins Nirgendwo, die hier zwei arme Tölpel unternehmen. Abgebrochene Autobahnbrücken und krumme Pfade sind ihr Weg, das Halbfertige ist ihr Begleiter.

Nach einem russischen Partisanenlied, das Pasolini auch in anderen Filmen als Signal eines heroisch-verfehlten Klassenkampfes einsetzt, intoniert eine Geige die Melodie eines Gesanges, der aus Mozarts »Zauberflöte« her vertraut ist: »Bei Männern, welche Liebe fühlen, / Fehlt auch ein gutes Herze nicht.« So beginnt Pamina das Duett der Vogelfänger, in das Papageno einfällt: »Die süßen Triebe mitzufühlen, / Ist dann der Weiber erste Pflicht.«[5] Die Melodie stimmt die Frau an; der Mann, der Einfühlung verlangt, singt bloß das Echo der vorgegebenen Melodie. Auch Totò und Ninetto sind ein Paar natürlicher Naivität, dem von Pasolini ein Musik-Zitat geliehen wird, das nach der ersten Zeile des Gesangs abbricht: »Bei Männern, welche Liebe fühlen...« Ausgesprochen wird es nicht, nur angespielt mit Geigen und Flöten, dieses Leitmotiv versöhnender Taten.

Der zweite Teil des Films gilt der Episode mit dem Heiligen Franziskus. Nach demütigem Ausharren durch drei Jahreszeiten gelingt es Totò als altem Mönch, die Sprache der Vögel zu sprechen, zu pfeifen und zu schnattern. Schon klingt das Vogelfänger-Duett der »Zauberflöte« wieder an. Ninetto verfällt ins Hüpfspiel »Himmel und Hölle« und lernt aus dieser beiläufigen Improvisation, die Körpersprache der Vögel zu imitieren.

Mögen die herbeieilenden Nonnen auch »Ein Wunder!« rufen, die Kraft der beiden Mönche, mit den Tieren zu reden, um ihnen laut Auftrag von Franziskus das Evangelium der Liebe zu predigen, beruhte auf der Wirkung des Spiels und der Demut. Soll das Pasolinis anstößig naive Lektion gewesen sein, so darf man sein Musik-Zitat, das stets verkürzt anklingt, nun anders hören und lesen: »Bei Männern: welche Liebe fühlen?«

Andererseits macht Pasolini klar, daß die Einfalt von Ninetto und Totò keine heilige ist. Die Mönchskutte müssen sie bald ablegen. Der Film schickt sie zurück in die Gegenwart. Da fühlen sie sich heimischer und können wieder zu den hoffnungslosen, aber fröhlichen Opportunisten des Umstands werden. Unterdrückte Unterdrücker ohne Einsicht in ihre Lage. Totò verprügelt Bauern im Feld mit dem Gürtel, Ninetto umtanzt entzückt die Opfer. Aber dann fallen am anderen Schauplatz die Hunde des Pachtherren über sie selber, die Pachteintreiber, her. Fressen oder Laufenlassen ist die Frage. Im Zeitraffer jagt der Film die komischen Vögel über alle Berge davon.

Große Vögel, kleine Vögel ist so unwahrscheinlich naiv wie Mozarts »Zauberflöte«. Nächtliche Begierden treten neben reine Taggestalten, die Selbstverzauberung neben die Desillusionierung. Es bleibt auch bei Pasolini nicht so, wie bei Mozart behauptet wird, daß die Strahlen der Sonne das Dunkel der Nacht vertrieben. Nein, eher leuchtet Pasolini der Aufklärung heim: indem er auf die Sonnenfinsternis der Vernunft hinweist.

1 *Vgl. dazu Pier Paolo Pasolini: Große Vögel, Kleine Vögel, Übers. Karin Fleischanderl, Nachw. Peter Kammerer, Berlin: Wagenbach 1992. Diese Übersetzung (1992) lag zum Zeitpunkt der Textveröffentlichung (1985) nicht vor. In Karsten Wittes Bibliothek befindet sich die italienische Ausgabe (Uccellacci e uccellini, Mailand: Garzanti 1966). Die im Text verwendeten Zitate sind eigene Übersetzungen daraus. Die folgenden Textverweise beziehen sich auf die deutsche Ausgabe.*
2 *Vgl. ebd., S.110.*
3 *Vgl. hierzu das Selbstgespräch des Raben, ebd., S.160-161.*
4 *Vgl. Pier Paolo Pasolini: Einfälle zum Kino, in: Ders. Ketzererfahrungen. ›Empirismo eretico‹. Schriften zu Sprache, Literatur und Film, München/Wien: Hanser 1979, S.220.*
5 *Wolfgang Amadeus Mozart: Die Zauberflöte. Oper in zwei Aufzügen, Dichtung von Emanuel Schikaneder, Stuttgart: Reclam 1979, 1.Aufzug, 14. Auftritt.*

Der vierunddreißigste Prozeß
Houchang Allahyaris Film Pasolini inszeniert seinen Tod: *Mythologisierung, Kitsch, Gewalt*

Am Anfang war nicht das Wort, sondern das Schriftenverzeichnis und der Dank an die Rechtsinhaber zu Zitaten. Mit solcher Höflichkeit enden gemeinhin wissenschaftliche Werke, manchesmal auch sorgfältige Dokumentarfilme. Dieser Film will weder das eine noch das andere sein, sondern das ganz Andere werden, nämlich im Gestus der völligen Einfühlung authentisch sein. Jedes Wort, auf das der Film sich berufen darf, stammt hier von Pasolini. Und doch kehrt der Film sich Bild um Bild wider ihn.

Der Petersplatz aus der Vogelperspektive: ein Zeichen für »Rom«, der Park gegenüber der Stazione Termini: ein Zeichen für »Strichermilieu« – so begannen schon ungezählte Fernsehberichte, aber muß es mit einem Zeichen der »Heiligen Stadt« beginnen, um den Ketzer Pasolini vorzustellen? Aus dem Bahnhofspark werden Bilder vereinzelt. Hier ein Junge, der sich an einen Baum lehnt, dort ein angeschnittenes Knie, in Jeans verpackt, dazwischen aber Familien mit Kinderwagen, schlendernde Reisende. Die Vereinzelungen, behauptet der Kommentar, seien Manifestationen des Bahnhofsstrichs. Man glaubt diesem Wort kein einziges Bild.

Nächster Satz: »Via Ostiense«. Man sieht ein Straßenschild, man sieht die Straße schlecht. Hier also soll Pasolini den Stricher Pelosi getroffen, dort soll er jenen zum Abendessen eingeladen haben. Diese Bilder sind in arger Beweisnot. Es ist, als würden sie sich dessen inne. Plötzlich wechseln sie das Genre. Aus dem Fernsehfeature wird eine allegorische Phantasie. Ein letztes Mal beruft sich der Kommentar auf den Freund und Biographen Pasolinis, Enzo Siciliano. Aber, die Frage liegt nahe, vertrat der etwa die nun verfilmte These, die dieser Film in seinen Titel einschließt: »Pasolini inszeniert seinen Tod«? Mitnichten.

Cui bono? fragt die Politik. Deren Pragmatismus scheint hier angebracht. Wem nützt die These, Pasolini habe seinen Tod selber inszeniert? Doch all jenen Kräften, die Interessen daran haben zu vertuschen, daß Pasolini mindestens das Opfer *eines* Mörders wurde, wenn er nicht einem Komplott zum Opfer fiel. Wer so extrem blutigen Leidenschaften, häretischen Ansichten und radikalem Einspruch verschworen war wie Pasolini, den muß es eines Tages ereilen, von den Geistern seines Werkes eingeholt zu werden. Wer scheitert in der Kunst, dem gelingt vielleicht noch ein schön inszenierter Tod. Ähnliche Tendenzen werden insbesondere bei manifest homosexuellen Künstlern von Fassbinder bis Mishima von den Gegnern gern vertreten. Fördert dieser Pasolini-Film jene Haltung? Wieder weicht er aus, denn er darf sich auf die Vorlage eines Theaterstückes von Ramon Pareja berufen, das hier frei paraphrasiert werde. (Ich kenne es nicht.)

Ödland, Schieferstein, kahles Gebirg. Ein Mann um die vierzig, nur mit einem weißen Lendenschurz bekleidet, irrt durch die Landschaft. Er leidet. Er scheint von allen Menschen und, wie sich herauskristallisiert, von allen Männern verlassen. Ein Schmerzensmann, ein Märtyrer, der sich ans Ende der Welt hinschleppt in der Ahnung seiner Agonie. Der Darsteller dieser Figur (Robert Hunger-Bühler, auch Ko-Autor des Drehbuches) spielt Pasolini, indem er Pasolini-Texte spricht, mit leinenem Stirnband entschlossen asketisch aussieht und, wird er eines jungen Mannes ansichtig, sich in begehrlichen Blicken verzehrt. Von seinen Schultern flattert im Wind ein schwarzer Umhang. Eine Frau wird in ein exotisches Gewand, ein Mann in eine militärische Montur gesteckt.

Alle Zeichen stehen auf »Archaik«. Stand Pasolini ganz allein in der Welt?

Dieser Film probt keinen Widerstand, er hat sich Pasolinis Bildern ganz ergeben. Er imitiert Pasolinifilme. Das Ödland aus *Teorema*, die Archaik aus *Medea*, die Kannibalik aus *Porcile*. Er zitiert aber nicht in Form von Filmausschnitten. Er stellt die Filmphantasien als Scharaden nach. Und wir sitzen davor wie weiland bei Kindergeburtstagen und dürfen die Auflösung erraten.

»Wie war ich?« fragt plötzlich nach einem mimetischen Kraftakt einer der Schauspieler, die wie Kinder ohne Lob nicht weiterspielen. Ein Stilbruch. Der Film läßt seine Phantasie im Stich und beginnt ein neues Genre. Szenenwechsel, jetzt hinter der Kamera. *Pasolini inszeniert seinen Tod* war kein Dokumentarfilm, war keine Allegorie. Jetzt hat der Film einen Regisseur, der sich als Doppelgänger des Hauptdarstellers entpuppt. Das Produkt trifft seinen Produzenten, die Phantasie ihren Phantasten. Unweigerlich ist nun die Meta-Ebene erreicht, auf der dieser Film sich selber reflektiert.

Was ist Film, was ist Wirklichkeit, sind dabei die brennenden Fragen, die epistemologisch angegangen werden wie am Jüngsten Tag. Kitsch nicht nur in der Bilderfindung, Kitsch auch in der Erkenntniskritik, da macht auch die beigegebene Musik folgerichtig keinen Unterschied.

So skrupulös zeigt sich der Regisseur mit einer abgedrehten Szene, daß er die Muster in der Vorführung gleich dreimal ablaufen läßt. Beim dritten Mal steht der Schmerzensmann wie ein Gekreuzigter vor der Leinwand. Der Kommentator scheint in die Vorführkabine zurückgekehrt. Er zählt jetzt die Prozesse auf, die Pasolini und seinen Werken (das heißt dem persönlichen Tun, den Romanen, den Filmen) zeit seines Lebens gemacht wurden. Nach einigen Nennungen stottert der Kommentator. Die Genauigkeit ist ihm nicht wichtig. Er begnügt sich mit der Litanei:

»…Prozeß! / Prozeß!« Der Kameramann unterstreicht diese Feststellung mit delirant genutztem Zoom. Jeder Zoom ist eine Flagellation, die den Körper Pasolinis härter treffen soll. Gewiß, der Zuschauer soll mitleiden. Der Film will Pasolini kein Haar krümmen.

Aber die Kamera weiß nichts von der ihr innewohnenden Gewalt, mit der sie das Auge des Betrachters auf den Körper des vor der Leinwand Exponierten peitscht. Die Regie gibt sich unendlich Mühe, alles gut zu machen. Aber dieser Film gleicht in all seiner harmlosen Güte dem letzten, dem 34. Prozeß. Übrigens ohne daß der Kommentar dem mit dem Werk und Leben Pasolinis nicht Vertrauten verriete, daß Pasolini keinen einzigen der 33 Prozesse verlor.

Man kann schlecht Pasolinis Text seiner Lossagung von der filmischen »Trilogie des Lebens« zitieren: »…die Realität der unschuldigen Körper ist durch die Macht des Konsums vergewaltigt, manipuliert und verletzt worden. Solch eine auf den Körper ausgeübte Gewalt ist sogar die makroskopischste der neuen Epoche geworden«[1] – und dazu Bilder produzieren, die alle Entstellung jener Körperunschuld durch den Konsumismus und die sexuelle Befreiung wieder rückgängig machen wollen. Da balgen sich junge Männer nackt auf der Wiese, fallen anmutig übereinander her, als würden sie die blaue Blume unter ihren Leibern bergen. Auf diesen Berg wohlgestalteter Sportlichkeit wird am Schluß der Szene eine junge Frau gebreitet. Es ist angerichtet, meine Herren Voyeure! Warum behauptet da ein Pasolini, er hasse die Geschlechtsorgane? Der Haß wird entschärft, das Argument verwässert, der Riß gekittet. Mit Bildern, die eher an den schwulen Baron von Gloeden erinnern und seine sizilianischen Fischerknaben, die er in Posen der Antike auf die Platte bannte.

War Pasolini ein Liebhaber des Jugendstils? Feierte er das Abendmahl mit Kerzenhaltern und Milchschalen, versammelte er rotgewandete Jünglinge um seine Tafel? Der Film versucht, Rituale nachzustellen, um ein Tableau aus Tod und Verklärung zu schaffen. Nun war Pasolini aber kein Gustav von Aschenbach, noch ein Komplize seines letzten Films *Salò*. Er war ein Schriftsteller, ein Lehrer, ein Zeichentheoretiker, ein Maler, ein Filmregisseur, ein Poet, ein politisch Eingreifender. *Pasolini inszeniert seinen Tod* ist eine regressive Phantasie über Pasolinis Leben nach dem Tod.

In einer Szene wird Politisches eingebracht. In einer fremden Sprache, Persisch vermutlich, wird der Regisseur/Hauptdarsteller des Films im Film nach seinen gesellschaftlichen Anschauungen befragt. Und »Pasolini« antwortet mit der Erklärung seiner Sympathie für die nichtdogmatische Fraktion der KPI. Mehr nicht.

Wer erinnert sich da noch der kleinen Meldung aus der Zeitung L'UNITA von 1949? »Die Ortsgruppe der KPI hat am 26. Oktober den Parteiausschluß des Dr. Pier Paolo Pasolini aus Casarsa wegen moralischer Unwürdigkeit beschlossen.«[2] Man muß das deshalb hier nachtragen, weil der Film sich authentisch gebärdet, wo er sich mit Halbwahrheiten und Mythologisierungen zufrieden gibt. Eine leibhaftige Person auf der Leinwand behauptet, sie sei, wenngleich durch eine romantische Film-im-Film-Verschachtelung, Pasolini, obwohl sie höchstens Pasolini bedeutet. Ich weiß, das ist ein alter Theologenstreit. Aber dies ist ja auch ein Film für die Pasolini-Gemeinde, die sich ehrfürchtig zur Matinee-Vorführung dieses Mythos versammeln mag. »An ihn halten sich alle, die, des Glaubens wie der Selbstbestimmung entwöhnt oder ihrer nicht mehr fähig, nach Autorität suchen, weil es gut wäre, geborgen zu sein«[3], so schrieb Adorno in seinem Essay »Bach gegen seine Liebhaber verteidigt«.

Und wer sind die Liebhaber von *Pasolini inszeniert seinen Tod*? Der KURIER sagt: »Ein informatives Lebensbild«. Die KRONENZEITUNG befindet über Pasolinis Tod »letztendlich und konsequent ein Todessturz wie ein Ikarus«. Die OBERÖSTERREICHISCHEN NACHRICHTEN wissen, daß Pasolini seit *Salò* – »mit dem Kopf gegen die Wand rannte, bis ihn schließlich Pelosi umbrachte.« Und PROFIL hat es herausgefunden, es war »eigentlich ein Selbstmord«.[4]

Noch einmal wirft sich die Frage auf: Wer schrieb das Drehbuch zu Pasolinis Tod?

1 *Vgl. Pier Paolo Pasolini: Widerruf der Trilogie des Lebens, in: Ders.: Lutherbriefe, Wien/Berlin: Medusa 1983, S.60.*
2 *Zitiert nach: Der Dichter Pasolini aus der KPI ausgeschlossen, in: alternative, Heft 125/26, 22.Jg., 197, S.92. Vgl. auch: Dario Bellezza: Pasolinis Tod, Übers. Ulrich Hartmann, Freiburg: Beck & Glückler 1985, S.131; sowie Enzo Siciliano: Pasolini. Leben und Werk, Weinheim: Beltz & Gelberg 1980, S.181.*
3 *Theodor W. Adorno: Bach gegen seine Liebhaber verteidigt, in: Ders.: Prismen. Kulturkritik und Gesellschaft, München: dtv 1963, S.133.*
4 *Zitate der österreichischen Presse nach dem Verleihkatalog.*

Elegie der Verlierer
Mamma Roma *von Pier Paolo Pasolini, mit Anna Magnani*

Schon die ländliche Hochzeit, die eher Anna Magnani als Mamma Roma feiert denn die bäuerliche Braut, die sich ihr früherer Zuhälter angelte, breitet eine Stimmung des faulen Friedens aus. Mamma Roma ist die treibende Kraft der Heiterkeit, die kostümierte Schweinchen in den Festsaal fegt. Da sitzt die gemischte Gesellschaft starr, wie mit dem Tafeltuch verwachsen. Magnani erst bringt Leben in die tote Bude, deren Raum sie Schritt für Schritt, mit zügelloser Störung der feierlich gewollten Perspektive ganz für sich erobert. Sie hat einen Grund zu triumphieren, feiert sie doch die Lossprechung aus kommerzieller Sklaverei.

Nie wieder wird sie im Verlauf der Handlung so glücklich sein wie in diesem Anfang, in dem sie alles an sich reißt, was zur Verwirklichung der Autonomie nottut: Aufmerksamkeit unter Freunden, Durchsetzungskraft unter Fremden und der Wille, sich grenzenlos zu verströmen. Jetzt wird sie ihren halbwüchsigen Sohn Ettore aus dörflicher Obhut ins eigene Heim übernehmen und am Rande Roms eine kleinbürgerliche Existenz als Gemüsefrau begründen.

Diese Hoffnung trügt. Die ehrbare Dirne, die obsessiv liebende Mutter, die gerissene Erpresserin, diese moralisch unbeirrbare Menschenfreundin tut alles für ihren Sohn. Und das ist so viel, daß sie nicht weiß, was gut für ihn ist. Weil sie sich selber im Namen der Liebe verkauft, verliert sie die Liebe ihres Sohnes. Der ficht es kaum besser aus, schließt sich einer Bande arbeitsloser Jugendlicher an, läßt sich ungeübt auf Diebstahl ein und krepiert im Gefängnis.

Das war nach Pasolinis Erstlingsfilm *Accattone* (mit Franco Citti in der Hauptrolle, der hier den Bräutigam und Zuhälter spielt) die zweite Proletenpassion. Nun nicht mehr mit Bachscher Musik, sondern mit Vivaldis Flöten- und Fagottkonzerten unterlegt. So vertraut scheint jener Komponist dem gemeinen Volk, daß hier die Jungen auf der Treppe beim Kartenspielen Vivaldis Melodien mitpfeifen.

Im Gefängniskrankenhaus zitiert ein Insasse aus Dantes Höllen-Gesang: »Und in der Tat, am Rand des Tales stand ich, / das in den Abgrund allen Schmerzes führt«.[1] Pasolini transponiert das subproletarische Leiden in einen universellen Schmerz. Das Zufallsmoment des flüchtigen Einzelschicksals wird überführt in exemplarische Figuren.

Der Darsteller des Sohnes der Mamma Roma heißt Ettore Garofolo. Seine Rolle nennt ihn »Ettore«, betont den authentischen Charakter des Laiendarstellers, den Pasolini als Kellner engagierte, um ihn hier wie einen Caravaggio-Jüngling mit dem Fruchtkorb zu drapieren. Ettore erinnert aber auch an die mythologische Dimension: denn Hektor, von Achill erschlagen, um Trojas Mauern geschleift, war ein exemplarischer Verlierer. Und ist *Mamma Roma* nicht das Stadtemblem, das an die Wölfin mit den Romulus und Remus säugenden Brüsten erinnert?

Damals, als der Film auf dem Festival von Venedig 1962 herauskam, feierte man ihn als eine Rückkehr zum Neo-Realismus. Doch mit der Abbildung des bloß elenden Alltags hatte die Regie nichts im Sinn. Vielmehr ist *Mamma Roma* eine Revokation des Neo-Realismus. Das Bild der Verelendung römischer Vorstadtgeschichten wollte Pasolini nicht zeigen, wie es ist, sondern: wie es in seiner Vision einmal gewesen sein könnte.

In seinem Gedichtband »Poesia in forma di rosa«[2] schrieb der Regisseur: »Da kommen Mamma Roma und ihr Sohn / auf das neue Haus zu, zwischen fächerförmig /

gestreuten Häusern, dort, wo das Licht archaisch / die Flügel aufsetzt.«[3] Das Licht in Pasolinis Filmen ebnet ein. Es formt aus antiken Ruinen und Neubauten, Vorstadtsteppe und Ringstraße eine Gegenwart, in der die Zeit einen Augenblick, einen Flügelschlag lang innehält. So übt die Kamera den Gestus der Beschwörung, und so agiert Anna Magnani als Tragödin in einem Raum, der ihr den Atem zur bewegenden Klage abpreßt. Den Tod ihres Ettore muß sie überleben.

Gleich nach der Uraufführung des Films am Lido hatte ein Polizeioffizier in Venedig Klage gegen den Regisseur von *Mamma Roma* angestrengt. Der Film verletze die guten Sitten, sein Inhalt sei obszön. Pasolini gewann die Auseinandersetzung mit dem Hinweis, daß kurz vor seinem Film ein junger Mann im römischen Gefängnis, von der Polizei malträtiert, seinen Verletzungen erlag. Die Neo-Faschisten fanden sich mit dem Freispruch nicht ab. Sie überfielen Pasolini nach der Aufführung von *Mamma Roma* im römischen Kino. Als »Nestbeschmutzer« beschimpft, wehrt sich Pasolini. Er schlägt zurück und provoziert einen weiteren Prozeß. Sein nächster Film hieß *La rabbia* (Der Zorn).

1 *Vgl. Dante Alighieri, Die Göttliche Komödie, Hölle, IV. Gesang.*
2 *Pier Paolo Pasolini: Poesia in forma di rosa, Mailand: Garzanti 1964.*
3 *Pier Paolo Pasolini: »Mondäne Gedichte«, in: Ders.: Unter freiem Himmel. Ausgewählte Gedichte, Berlin: Wagenbach 1982, S. 105.*

Pasolinis Werk, Pasolinis Tod [1]

Je differenzierter das Interesse am Werk *und* Leben Pasolinis wächst, desto schwieriger wird es, dieses im Zusammenhang von Kultur und Politik, in dem beides sich ereignete, darzustellen. In den letzten Jahren wurde die Biographie des italienischen Dichters und Regisseurs, die sein Freund Enzo Siciliano schrieb, deutsch übersetzt. In Berlin/DDR kam soeben der französische Roman über das Leben Pasolinis »In der Hand des Engels« von Dominique Fernandez heraus.[2] Was der sich ausmalt, ist ein Korrekturentwurf, der gegen ein ausschweifendes Leben Häuslichkeit, das Mutterideal und den Freundschaftskult setzt, die Empörung mit Beschwichtigung kleinkriegt.

Die Arbeit, die Otto Schweitzer vorlegt, ist von Spekulationen frei. Der Autor ist Soziologe, Jahrgang 1950. Er hat um eine Generation Abstand vom Objekt, das er beschreibt, und den Vorzug, aus Südtirol gebürtig, also zweisprachig zu sein, was ihm den Zugang zu Originaltexten und Bildquellen in Italien mühelos machte. Das Buch ist ein Reihentitel von »rowohlts monographien«. Es steht mithin unter dem Gestaltungsprinzip der gesamten Reihe: »mit Selbstzeugnissen und Bilddokumenten«. Dies ist geradezu verschwenderisch geleistet. Mit über 300 Fußnoten sind die Zitate Pasolinis nachgewiesen. Über 60 Abbildungen bringen zum einen meist unveröffentlichtes Material aus den Familienalben, die sich dem Autor in Rom eröffneten, und zum anderen Abbildungen klassischer Werke der Malerei, die auf die Ikonographie der Filme Pasolinis prägenden Einfluß hatten. Diese Bezüge in *La Ricotta*, *Mamma Roma*, *Il Vangelo Secondo Matteo* u.a. visuell begreifbar zu machen, ist ein Verdienst, mit dem der Dargestellte in den Zusammenhang europäischer Kunstgeschichte gestellt wird.

Schweitzers Buch steht unter dem Druck der Biographie, dem gedrängten Bauprinzip der Reihe, für die er schrieb. So sind Lebensabriß und Werkdeutung, Pasolinis Romane und Gedichte, seine eingreifenden Essays in sehr knappen Auszügen im harten Wechsel aneinandergereiht. Das nimmt einem Leser den Atem. Es ist, als sähe der Leser/Zuschauer einen Film, der zur Totale eines Raums sehr viele Großaufnahmen schneidet. Die sind im einzelnen richtig gesehen, doch könnte ein Perspektivwechsel in der Darstellung des Stoffes die Wahrnehmung und Entdeckerfähigkeit des Lesers erleichtern.

Das Grunddilemma, das dem Stoff, dem Thema, ja dem Mann Pasolini als Autor zu eigen ist, ist schwer zu lösen. Wie sollte man diesem eminenten Philologen, innovativen Lyriker, streitbaren Essayisten, radikalen Filmtheoretiker, umstrittenen Filmregisseur, wütenden Leitartikler und wilden Stückeschreiber denn überhaupt in nur einer Deutung gerecht werden? Das kann keiner. Auch Schweitzer kann vorangegangenen Arbeiten nur Facetten hinzufügen.

Er tut das mit dem versteckten Mut zur persönlichen Wertung. Das Prosawerk, erst kürzlich aus Pasolinis Nachlaß publiziert, das seine Jugend und frühe Arbeit als Lehrer auf dem Lande in Friaul beschreibt, heißt »Amado Mio«[3]. Faszinierend ist dessen Doppelgesichtigkeit. Erst liest man die Tagebucheintragungen, die selbstquälerische Prüfung, mit denen Pasolini die ihn bestimmenden Mythen entdeckt: die Landschaft des Nordens, die abgesprengten Territorien im Windschatten der Wirtschaft – gleichsam ein Stück Dritte Welt im eigenen Land –, die jungen Männer, die er aus Liebe zu einer kämpferischen Klasse, die sie nicht sind, verklärt, und schließlich seine Differenz: die Homosexualität, die ihn aus paradiesischer Geborgenheit vertreibt. Dann liest man im zweiten Teil des nachgelassenen Werkes die literarische Erzählung, die aus dem Tagebuch geformt wurde. Schweitzer schreibt: »Ich zähle es zum Schönsten, was Pasolini geschrieben hat.«[4]

Dieser Autor hält auf kritische Distanz. Er verfällt nicht Pasolinis spätem Pathos, das so viele bekennende Adepten zu schlechter Prosa verführte. Schweitzer setzt auf Pasolinis literarische Leistungen. Willkommen ist sein nachdrücklicher Hinweis auf den bei uns ganz unbekannten Literaturkritiker Pasolini, dessen höchst kenntnisreiche, engagierte Arbeiten im (nicht übersetzten) Band »Beschreibungen von Beschreibungen« gesammelt sind[5]. Gegen die behaupteten Brüche im Werk hält Schweitzer die Kontinuität. Die römischen Romane (»Ragazzi di vita«, »Una vita violenta«)[6] scheinen ihm Übertragungen des pasolinesken Volksmythos aus Friaul zu sein, ein bedenkenswertes Urteil. Schweitzers Stil – nicht immer in der Freiheit, Eleganz zu entfalten – ist doch treffend. Im pointierten Satz »Pasolini spürt die Straßen als Ausdehnung seines Körpers«[7] verspürt der Leser etwas von der seltenen Physik des Schreibens.

Auf Schönheitsfehler muß man freilich auch hinweisen. Grundsätzlich ist zu begrüßen, daß der Autor nur aus den Originaltexten schöpft. Doch geht das zu Lasten derjenigen Leser, die Schweitzers Übersetzungen mit den schon vorliegenden vergleichen möchten. Da fehlen Querverweise, denn immerhin liegen zwanzig Bücher auf Deutsch vor, die nicht von den schlechtesten Übersetzern stammen. Ich habe nicht alle 310 Fußnoten überprüft, Stichproben aber vorgenommen. Die Angaben zu den Fundorten der Texte sind nicht alle stichfest. Falsche Seiten, falsche Gedichte ohne einen Hinweis auf Auslassungen und den Stellenwert des Ausschnitts, die manchmal auch kommentierenden Übersetzungen (zugegeben zum besseren Verständnis) stören. Das Verzeichnis der Sekundärliteratur chronologisch, nach Erscheinen, statt alphabetisch, nach Autoren anzulegen, ist verwirrend. Die Abbildung S.119 liegt im Format (hochkant) und im Titel falsch. Die Sympathie des Autors neigt sich den Texten Pasolinis näher als den Filmen zu.

In seiner Deutung des Films *Medea* setzt Schweitzer selber einen Vergleich zum »ethnographischen Dokumentarfilm«, um ihn sodann Pasolinis Regie als »nicht ganz angemessen« anzulasten.[8] Ich frage mich, wie man über Pasolinis Indien-Film, den kaum einer kennt (ich auch nicht), etwas Sinnvolles aussagt, indem man sich in eine Analogie zu seinem Afrika-Film rettet.[9] Da werden Schlußworte aus dem Drehbuch des Films *La Ricotta* zitiert, die im fertigen Film nicht mehr vorkommen, weil sie der Selbstzensur des Produzenten zum Opfer fielen, der den anstößigen Kurzfilm für die Auswertung retten wollte.[10] Derlei unterläuft unter dem Druck, auf 150 Seiten sagen zu müssen, wozu der Rowohlt-Verlag diesem Autor einen angemessenen Umfang hätte einräumen können, damit sein sehr komprimiertes Buch eine intelligible Form gewinnt.

Schweitzers Buch ist ein nötiges Buch zur Einführung. Ein unnötiges Buch ist Dario Bellezzas »Bekenntnis«-Schrift mit dem Titel »Pasolinis Tod«. Jenes Sterben scheint morbiderweise die Autoren anzuziehen, die dem Werke Pasolinis wenig abgewinnen konnten, seinen Tod hingegen als das formvollendetste Werk feiern. Im gewissen Sinne ist Bellezza ebenso schal und geschwätzig, wie Gerhard Zwerenz es zu Fassbinders Tode war...[11]

Bellezza leidet, noch immer, an zu großer Nähe zum Objekt. Einst war er Pasolinis Sekretär, dann Redakteur der vom übergroßen »Vater/Freund« geleiteten Literaturzeitschrift NUOVI ARGOMENTI, deren Leitung später der Pasolini-Biograph Enzo Siciliano übernahm. Hätte Bellezza etwas gelernt, könnte man erhoffen, er plaudere aus der Schule. So plaudert er nur und verrät doch kein Geheimnis: »Mit dem Schreiben dieses Buchs hatte ich weder die Absicht, meine Freundschaft mit Pasolini zu dokumentieren, mein Lehrer-Schüler-Verhältnis zu ihm (schon gegen Ende seines Lebens, in den letzten Jahren überwundene Vergangenheit), noch dies in dichterischer Freiheit erzählend zu verarbeiten. (...) Und nicht als Kritiker seines mir allerdings wohlbekannten Werkes wollte ich auftreten; alles, was ich über meine Beziehung zu ihm hinaus wissen oder sagen könnte, hat schon, sehr detailreich und besser, als ich es vermöchte, Enzo Siciliano geschrieben. Eben deshalb konnte ich mich ganz auf die persönliche Erinnerung konzentrieren, auf das Private, höchst Private, den Skandal.«[12]

Der Skandal schien für Bellezza darin zu liegen, Pasolinis Provokationen dadurch zu überbieten, daß er Pasolini post festum provozierte. Er lehnt sich auf, um sich abzulösen. Das ist aus seinem Lebenslauf durchaus verständlich, doch für die Pasolini-Philologie von keinerlei Erkenntniswert. Hier findet sich eine Blütenlese der nicht mehr taufrischen Vorurteile, die schneidender zu Lebzeiten Pasolinis von seinen Gegnern, der reaktionären Presse, den Christdemokraten und der katholischen Kirche vorgebracht wurden. Diese in einem zu spät gekommenen Brutus-Akt aufzugreifen, ist eine Farce, die Bellezza bloßstellt. Pasolini warf er vor: »luziferischen und sanften Sadomasochismus«[13], »pädagogische Raserei«[14], »Unfähigkeit, sich wirklich zu versenken«, die das »Ende« des Schriftstellers, seine »Hinwendung« zum Film brachten[15]. Das Gesamtwerk sei geprägt von »Überheblichkeit und Voreiligkeit«[16], seine Homosexualität ein »grandioses und manisches Laster«[17], der Mann sei »unfähig zur Selbstkritik«[18].

Das Buch ist ebenso schludrig wie infam geschrieben. Hier eine Verleumdung, die nicht einmal für sich haften will: der junge Pasolini, frisch aus Friaul in Rom, unbekannt, ärmlich und »vielleicht konformistisch«[19]. Eine scheinradikale Fehleinschätzung, mit der Bellezza sich interessant machen will, ist sein Versuch, Pasolinis Trauer über das Verschwinden der bäuerlichen Lebensformen Italiens umzumünzen in eine »Verherrlichung des faschistischen Italiens«[20]. Weder Blut noch Boden wurden verherrlicht, höchstens bäuerliche Beharrlichkeit, aus der durchaus auch Widerstand gegen das faschistische Italien erwuchs. Ein wenig Einsicht in die Theorie der Ungleichzeitigkeit, die Pasolini in seinen »Freibeuterschriften« demonstrierte, hätte dem Schüler Bellezza nicht geschadet. Was ihm schadet, ist sein Eifer, Nietzsche, Freud, Christus, den Heiligen Paulus und Elsa Morante in einem Absatz zu vermengen[21], in dem sich Theorie verdichten soll. Und gar das eingeflochtene Marx-Zitat[22] hielt keiner Überprüfung stand.

Alles habe schon, bekannte der Autor eingangs, der Biograph Siciliano geschrieben. Was schrieb der zu Bellezza? »Bellezza zog über alles und jeden her. Pier Paolo sagte, Bellezza sei der ›Priester seiner selbst‹ und das in unfreiwilliger Komik.«[23]. Dies Buch ist eine Etüde in unfreiwilliger Komik, die durch Plattheiten der Übersetzung nicht gemindert wird. (Da hätte ein Mann den anderen nach kurzer Zeit »verbraucht gehabt«![24]) Ödipus tötete, immerhin, einen lebenden Laius. Bellezza, die ödipale Nachhut, fleddert in »Pasolinis Tod« die Leiche.

1 *Rezensionen zu: Otto Schweitzer: Pasolini, Reinbek: Rowohlt 1986, und: Dario Belezza: Pasolinis Tod, Freiburg: Beck & Glückler 1985.*
2 *Dominique Fernandez: In der Hand des Engels, Übers. Egon Wiszniewsky, Berlin: Volk und Welt 1985.*
3 *Pier Paolo Pasolini: Amado mio. Preceduto da Atti impuri, Mailand: Garzanti 1982; deutsch: Ders.: Amado mio. Zwei Romane über die Freundschaft, Berlin: Wagenbach 1984, sowie: München: Piper 1992.*
4 Otto Schweitzer: Pasolini, a.a.O., S.36.

5 *Pier Paolo Pasolini: Descrizioni di descrizioni, Turin: Einaudi 1979.*
6 *Pier Paolo Pasolini: Ragazzi di vita, Mailand: Garzanti 1955; deutsch: Ders.: Ragazzi di vita, Berlin: Wagenbach 1990. Pier Paolo Pasolini: Una vita violenta, Mailand: Garzanti 1959; deutsch: Ders.: Vita violenta, München: Piper 1963.*
7 Otto Schweitzer: Pasolini, a.a.O., S.40.
8 Ebd., S.105.
9 Ebd.
10 Ebd., S.80.
11 *Gerhard Zwerenz: Der langsame Tod des Rainer Werner Fassbinder. Ein Bericht, München: Schirmer/Mosel 1981.*
12 Dario Belezza: Pasolinis Tod, a.a.O., S.16.
13 Ebd., S.14.
14 Ebd., S.17.
15 Ebd., S.30.
16 Ebd., S.33.
17 Ebd., S.56.
18 Ebd., S.73.
19 Ebd., S.88.
20 Ebd., S.72.
21 Ebd., S.81.
22 Ebd., S.143.
23 Enzo Siciliano: Pasolini. Leben und Werk, Weinheim/Basel: Beltz & Gelberg 1980, S.382.
24 Dario Belezza: Pasolinis Tod, a.a.O., S.61.

Zur Uraufführung der Oper »Pier Paolo« von Walter Haupt[1]

Das Leben Pasolinis scheint viele Leser seiner Werke mehr als Zuschauer zu interessieren, womit nicht gleich Pasolinis Filme gemeint sind. Und am Leben des italienischen enfant terrible der Kulturkritik scheint wieder mehr das Sterben zu interessieren, das gräßliche Ende, dem ein langes, durchaus friedfertig gelebtes Leben vorausging. Die Biographen entzünden sich an Pasolinis Todessehnsucht, an seinem Außenseitertum, an seinem unbürgerlichen Leben, gerade so, als sei der Tod Pasolinis sein bestes Werk gewesen. Dagegen spricht niemand von dem Dichter, dem Sprachforscher, dem Lehrer, dem Theoretiker, dem Maler Pasolini, seinen ernsten Rollen, in denen er durchaus nicht nur zu den Blumen des Bösen verführte.

Aber, so wie es zum Leben Fassbinders den Film *Ein Mann wie Eva*[2] geben mußte, so war wohl auch ein Musiktheater zum Leben und Sterben Pasolinis unvermeidlich. Das Werk, man zögert, es »Oper« zu nennen, zumal die Autoren selber von »Musiktheater« sprechen, stammt vom Münchener Komponisten Walter Haupt, das Libretto von Gerd Uecker. Das Team arbeitete schon einmal an der Realisierung des Werkes »Marat« nach dem Theaterstück von Peter Weiss[3]. Ihr neuestes Werk »Pier Paolo« ist eine Auftragskomposition des Kasseler Staatstheaters zur internationalen Kunstausstellung »documenta 8«, deren Eröffnung Mitte Juni zu erwarten ist. Mit dem Heidelberger Choreographen Johann Kresnik hatte der Komponist Haupt schon vor zwei Jahren das Tanztheaterstück »Pasolini«[4] entwickelt. Hier, in seiner Oper, ist der Nachname des Dichters gestrichen, wird der Vorname Chiffre zu einer exemplarischen Biographie.

Pasolini gibt nur eine stoffliche Vorlage ab, und dennoch macht jedes Bild, jede Geste, jedes Kostüm deutlich, daß es das Leben Pasolinis ist, das Haupt und Uecker nacherzählen, nachstellen, nachsingen wollen. Im Entwurf stand aber eine »Kunstfigur«, die sich in der szenischen Lösung allerdings kaum von der Vorlage zu lösen vermag. Das Musiktheater beginnt, im völligen Dunkel der Szene, wie ein Hörspiel. Zwei Männer unternehmen eine Autofahrt, die mehr ist als ein Picknick am Strand. Der Dialog macht es klar, hier wird ein Geschäft zur sexuellen Befriedigung abgeschlossen, und indem der Saal, die Szene dunkel bleibt, weitet sich der Innenraum des Autos, in dem die Männer sitzen, zum Saal, in dem das Premierenpublikum, schon beunruhigt, sitzt. Die Autoscheinwerfer gehen an, die Männer steigen aus, geraten in einen Streit, der tödlich endet, ein Mann bleibt mit der Brechstange erschlagen, tot am Strand zurück.

Ein Gazevorhang senkt sich, ein Foto Pasolinis wird darauf projiziert. Hinter dem Schleier ersteht häusliches Leben in der norditalienischen Provinz der vierziger Jahre. Ein junger Dichter schreibt am Eßtisch, die ihn abgöttisch liebende Mutter umsorgt ihn, der kranke Vater auf dem Sofa grölt faschistische Lieder und verstößt seinen Sohn. Eine Rückblende also, ein Erinnerungsfilm in dem Augenblick des Todes, eine Kreisblendendramaturgie, die blitzartig das Leben vor dem Tod noch einmal entwirft. Die szenische Abfolge ist dann geradlinig, umstandslos aus dem Leben Pasolinis gegriffen. Das Zerwürfnis mit dem Vater im Norden, die fluchtartige Abreise von Mutter und Sohn nach Rom, das Herumtreiben des Hilfslehrers mit römischen Strichjungen, das Zusammentreffen mit dem Filmregisseur Fellini, das politische Debakel, das elende Triebleben, Tod und Verklärung zu einer Märtyrerfigur, die, ganz überflüssig, am Ende hydraulisch in die Höhe gehoben wird.

Die Inszenierung von Siegfried Schoenbohm, das Bühnenbild von Wolfgang Reuter kleben zu sehr am Vorbild der Figur, die sie vorgeben, als Kunstfigur zu entwerfen. Ständige Großprojektionen von Fotos aus dem Leben Pasolinis nageln die Regie fest, dieses eine Leben, anstelle möglicher Variationen, zu erzählen. So wird auch hier die Überlieferung festgeschrieben wie ein biographischer Beleg. Dabei unterlaufen Fehler. Trifft die Hauptfigur Pier Paolo den römischen Filmproduzenten Federico – da darf man wieder an Fellini denken, für den Pasolini seine ersten Filmdialoge schrieb –, liest der Produzent das ihm überreichte Drehbuch.

Die Herren ziehen sich an einen Restauranttisch am Vorhang zurück, während die Szene sich mit wilden Phantasien des Lesenden bevölkert. Schließlich sagt der Produzent, der junge Autor müsse seinen eigenen Weg zur Phantasie gehen. Was uns der Bühnenbildner aber anbietet, sind nachgestellte Fellini-Szenen von kleinmütigem Provokationswert. Genug jedoch, um im Staatstheater Kassel einen kleinen, sauberen Skandal auszulösen, sobald nur Embleme der Politik wie Hammer und Sichel, Embleme der Kirche wie Madonnen, die sich überraschend schamlos zeigen, ins Bild geraten. Unverstanden blieb, wie eine Figur wie jene des Pier Paolo Kommunist *und* Katholik *und* Homosexueller sein konnte, wobei selbstverständlich von der keuschen Art, die Homosexualität als einen Klaps auf das nackte Hinterteil eines zum Baden bereiten Schülers vorzuführen, der geringste Provokationswert ausging…

Die Partitur von Walter Haupt arbeitet mit einer raffinierten Montage aus notierter, auskomponierter Musik und auf der Szene als Quelle von Realmusik ausgewiesener Beimischung wie etwa Music-Box, Kassettenradio oder Schallplatten. Konkrete Alltagsgeräusche wie Autofahren, Bahnfahrten, mischen sich mit Jazz, mit Spielautomaten oder von Walter Haupt komponierten Arien, die wie für die Callas geschrieben wirken sollen. Die Partitur geht also viel weiter in die Zersetzung des vorgegebenen Materials als das Bühnenbild. Sie hält sich an Pauken und Trompeten, die stark emotionale Effekte hervorbringen. Unter den Sängern ist das Double der Hauptfigur zu nennen: René Claassen, der dem Schauspieler Elmar Roloff überzeugend zur Seite stand. Die übrigen Künstler begnügen sich mit einem Parlando und einem dem Alltag entlehnten Sprechgesang. Dirigent war Jeanpierre Faber, der die disparaten Klangelemente gut zu einer scharfen Klangauflehnung bündelte. Die Oper »Pier Paolo« wird bis Ende Juni in Kassel gespielt.

1 *Im Staatstheater Kassel am 23. Mai 1987; vgl. dazu: Pier Paolo… Pasolini, Dokumentation zum Musiktheater von Walter Haupt und Gerd Uecker zur documenta 8. Staatstheater Kassel, Hg. Intendant Manfred Beilharz, Kassel 1987.*
2 *Radu Gabrea:* Ein Mann wie Eva, *Deutschland 1983.*
3 *Vgl. Peter Weiss: Die Verfolgung und Ermordung Jean Paul Marats dargestellt durch die Schauspielgruppe des Hospizes zu Charenton unter Anleitung des Herrn de Sade. Drama in zwei Akten, Frankfurt/M.: Suhrkamp 1965. Die Uraufführung der Oper »Marat« von Walter Haupt war am 8.6.1984 im Staatstheater Kassel.*
4 *Pasolini. Der Traum von einem Menschen, choreographisches Theater von Johann Kresnik, Musik von Walter Haupt, Theater der Stadt Heidelberg, Uraufführung am 8.2.1986.*

Kennwort »Pasolini«

*Ein Dialog zwischen Gert Mattenklott
und Karsten Witte*

WITTE: Als Thema haben wir uns die sehr merkwürdige Rezeptionsgeschichte Pasolinis in Deutschland (und nicht nur in Deutschland) gestellt und haben das genannt: Kennwort »Pasolini«. Wir fragen uns, in welcher Form der Einbeutung, wie Bertolt Brecht es einmal nannte, dieser Freibeuter bei uns existiert, welche Rolle er spielt, welche Rolle die Personen und welche Rolle womöglich doch das Werk spielen sollte. Vielleicht fangen wir mal ganz unten an, mit der Gewöhnlichkeit der Rezeption. Abgesehen davon, daß der Frankfurter PFLASTERSTRAND, ein Szene-Blatt, ein Sponti-Blatt, regelmäßig Annoncen aufgibt für die Pier Paolo Pasolini-Sprachschule unter dem werbenden Satz »Parlare am Strand«; man mag sich dann vorstellen, wie die hessischen Genossen in Apulien italienisch lernen. Pasolini ist ein Kodewort, ein Reizwort der politischen Sympathie und des emphatischen Einverständnisses. Im Berliner TIP lese ich unter den Kleinanzeigen folgende: »Partner für ausgefallene Spiele gesucht. Kennwort ›Pasolini‹«.

MATTENKLOTT: Ich weiß nicht recht. Ich denke, man könnte zu dieser Liste vielleicht noch eine ganze Reihe anderer Punkte aufzählen. Pasolini als Gewährsmann für alle möglichen Formen von Dissidenz, Pasolini als politischer Dissident, als religiöser, als sexueller Dissident, als Abweichler in jeder denkbaren Hinsicht. Das scheint mir eine Form von romantisch-verklärender Rezeption zu sein, die den wirklichen Mann Pasolini ganz aus dem Auge verliert zugunsten – eines Dilettantismus von Dissidenz, also einer Abweichung, die man selbst nie am eigenen Leibe durchgemacht hat. Zur Häresie gehört ja immer, daß man irgendwo engagiert gewesen sein muß, um dann auch die Abweichung vollziehen zu können. Aber hier wird die Abweichung gewissermaßen als Geste oder als Habitus geerbt und angeeignet. Man macht sich in ein Bild rein, wirft, stülpt sich über oder zieht sich ein Kostüm an, das das Pasolinis gewesen ist, ohne die Rolle zuvor auch je gespielt zu haben.

WITTE: Nun könnte man zu diesem Kostüm viele Rollen entwerfen, die Pasolini alle nicht ausgefüllt hat, und auf diesen dilettantischen Punkt der Aneignung kommen mit Beispielen, damit konkret ausgefüllt wird, welche Rollenzuweisungen bei deutschen Schriftstellern und Filmkritikern erfolgen. Ich nenne jetzt keine Namen, weil es ja nicht auf individuelle Kritik ankommt, sondern mehr auf die Benennung dieser Kostüme und Rollen. Da wird Pasolini im SPIEGEL[1] der Rote Korsar, im FILM-JAHRBUCH[2] 1985 zum Savonarola, da wird er im NDR[3] zum Narr in Christo und Marx ernannt, zum Don Quichote, zum Wolf. Diese verschiedenen Rollenzuweisungen bezeichnen eine Leerstelle im Gestus der Aneignung, daß Pasolini vertritt, was wir nicht sind. Er wird zum politischen Märtyrer, er wird zum politischen Freibeuter gemacht. Das sind Mechanismen auch der Überschätzung und der psychischen Belehnung eines Vorbildes, das überfordert und überlastet wird. All das, was man bei uns nicht leistet, nämlich das politisch eingreifende Statement, die politische Essayistik, die sich einmischt, dazu wird das Heil aus Italien erwartet. Vorzugsweise sind es Phantasien, die auf die Projektionsfläche Pasolini projiziert werden, als sei er selber eine Leinwand, wo das laufen kann, was bei uns nicht läuft. Eben die »ausgefallenen« Spiele, die ja den Doppelsinn von nicht stattgefunden und von möglicher, erdachter, erträumter Perversion beinhalten. Nun wird mit diesen ausgefallenen Phantasien Pasolini – ich vermute, mit seinem letzten Film *Salò* – beliehen.

MATTENKLOTT: Mir scheint, wenn man erwägt, was man mit Pasolini anfangen kann oder wofür er uns gut sein kann, daß man sehr sorgfältig zunächst den Versuch machen müßte, das, was an ihm fremd ist und was in seinen eigentümlichen persönlichen Voraussetzungen und auch in den besonderen italienischen kulturellen Voraussetzungen angelegt ist, mitzureflektieren. Also nicht sofort immer dieses geile Grapschen nach dem, was das vermeintlich Vertraute ist, oder das, was sich anbietet als Geste, die man haben könnte, diesem Gestenkonsum verfallend, den er selbst ja mit den Jahren zunehmend leidenschaftlich bekämpft hat. Schon aus taktischen Gründen gewissermaßen sollte man das Fremde, womöglich sogar überbetonend, als Fremdes festhalten. Also was eigentlich ist an dem Mann, was ist das Besondere, das ihn von anderen unterscheidet? Und da scheint mir eines zu sein, was in den deutschen Pasolini-Bildern ganz unterschlagen wird. Er wird ja hier mehr oder weniger von einer sich links gebenden oder in der Tradition jedenfalls doch linker Intelligenz stehenden Schicht angenommen, beerbt, und was dabei, glaube ich, ganz verschwindet, ist, daß mir Pasolini eigentlich der Typus eines Intellektuellen zu sein scheint, den wir in dieser Art jedenfalls gegenwärtig kaum haben, nämlich einer agrarischen Intelligenz. Für uns ist der Intellektuelle ja eigentlich ein urbaner Typus, ganz mit der städtischen Kultur und ihren Diskussionen verknüpft, während Pasolini im Grunde von Anfang an, von seinen friaulischen Gedichten an (1942)[4], immer diese Gravitation auf dem Land gesucht hat. Das ist jedenfalls eine Eigentümlichkeit, die sich auf Deutschland gar nicht so übertragen läßt, sich in diesem Jahrhundert überhaupt schon kaum hat übertragen lassen.

WITTE: Das ist ausgeblendet worden bei uns aus politischen Vorurteilen. Mit dem Bild der agrarischen Intelligenz, der anderen, nicht urbanen Verwurzelung kann man nur reaktionäre Vorstellungen in unserer Geschichte verbinden.

MATTENKLOTT: Ohne konservative Züge ist das aber auch in Italien nicht möglich gewesen. Vielleicht muß man sich klarmachen, daß Pasolini in seinen Anfängen sehr viel gelernt hat von Leuten wie D'Annunzio. Aus dieser Richtung des europäischen Ästhetizismus ist er hergekommen, und die Spracharbeit, die bei ihm am Anfang stand, diese Liebe zur Sprache des Volkes, sind eigentlich Motive, die auch bei D'Annunzio schon vorgebildet waren, nur daß er dann kritisiert hat – an Pascoli zum Beispiel – diesen freischwebenden willkürlichen Umgang mit der Sprache. Er selbst wollte mehr Chronist des Friaulischen sein, und mir scheint, als müßte er immer dieses Gefühl, eigentlich intellektuell über alles hinaus zu sein, was das Volk war, sühnen und sich deshalb als Chronist des Volkes geben.

WITTE: Aber das ist doch auch eine Attitüde. Ich möchte dieser Einschätzung des »agrarisch« gebildeten Intellektuellen und Schriftstellers widersprechen, weil ich das schon für eine Selbstmystifikation von Pasolini halte. Er ist ja durchaus erst in Rom, in der Metropole, und aus dem Zentrum dieser Metropole durch die Clique mit Moravia, mit Morante, Dacia Maraini und anderen, Calvino natürlich, zu diesem Wirkungskreis, zu diesem Radius gekommen. Und er hat aber allerdings eins nicht vergessen, daß er vom Rande Italiens herkommt, vom Vorgebirge, und geographisch [...] ein Außenseiter innerhalb Italiens ist.

Nun hat er aber das nicht zu agrarischer Kultur verklärt, sondern daraus eine Kunstform gewonnen, indem er zweier Sprachen sich bediente, der Vatersprache Italienisch, in der er sich erst später geäußert hat, und der Muttersprache Friaulisch. Nur, daß er dieses gelernt und auch in einer künstlichen, hochstilisierten Form geübt und geschrieben hat, als Zwanzigjähriger mit diesem berühmten ersten Zyklus, der damals in der Schweiz von einem antifaschistischen Kritiker und Schriftsteller rezensiert wurde, der dann immer wieder in der Mythologie und in den Gedichten Pasolinis auftaucht, ein gewisser Gianfranco Contini, der ihn entdeckt hat. Der sagte schon, diese erste Gedichtsammlung wird einen Skandal machen. Sich der Vatersprache Italienisch zu verweigern und sich zunächst einmal zu äußern in friaulisch, in dieser Kunstsprache, das zielt sehr bewußt auf eine Spracharbeit, auf eine Lehrarbeit, auf eine Lehrertätigkeit und auch auf eine philologische Arbeit. All das ist überhaupt nicht mit klassischer Bauernkultur oder mit Nostalgie zu verwechseln, sondern es ist die Annäherungsweise eines Philologen, eines Sammlers, eines Archivars einer schon verschollenen Kultur, was er später natürlich unerhört pathetisiert in seiner Entdeckung der Dritten Welt, wo Pasolini solche Formen wiederfindet und an Calvino schreibt: »Du weißt, ich reise nur noch in die Dritte Welt, weil die Dritte Welt innerhalb Italiens, wie sie früher in Friaul oder in Lukanien zu finden war, nicht mehr existiert.«[5] Das halte ich für einen erklärten Gestus, mit dem er auf seiner Außenseiterposition beharrt.

MATTENKLOTT: Da möchte ich zustimmen, es eher noch verstärken. Ich hatte diesen Typus agrarischer Intelligenz auch nicht so verstehen wollen, als sei das eine ursprüngliche naive Bäuerlichkeit. Verstärken möchte ich den intellektualistischen Zug in der Erfindung des Agrarischen. Das war nichts, was ihm von Haus aus zugekommen wäre, sondern in dem Fall war das Friaulische die Mundart seiner Mutter, und er hat sie als Zwanzigjähriger überhaupt erst erlernt, wie mir scheint, aus einer gewissen Entschlossenheit zu den Außenseitern. Sie hat einen stark sentimentalischen Charakter, diese Zuwendung zum Ländlichen usw.; es sind immer Phantasmagorien von Außenseitern, wo zunächst das Konzept dastand und er sich dann Gegenstände gesucht hat, die in die intellektuelle Strategie gut paßten. Das Friaulische hat er dann zu seiner Sache gemacht, wie er dann im Laufe seines Lebens viele solcher Sachen gefunden hat.

WITTE: Als er das aufgegeben hat, hat er den römischen Vorstadtjargon literaturfähig gemacht; als er das aufgegeben hat, hat er eine unkonventionelle Kamera-Arbeit filmfähig gemacht, die einen gewollten Primitivismus, einen künstlerischen Barbarismus eingeführt hat in seine Sprache. Das sind natürlich nicht immer Krisen und nicht immer die Abwendung von Literatur und die Hinwendung zum Film, wie man das eilfertig erklärt hat. Man muß Einheiten sehen und nicht bloß Wechsel im Medium, glaube ich, wenn man auf die Kontinuität der Brüche bei Pasolini achtet und als ständige Selbstversicherungsversuche nimmt, wenn dieses eine Medium für sich, das ihm das Fremde garantiert, erschöpft ist, sich eines anderen Mediums zu bedienen, das er für sich neu erfindet. Von Bertolucci, der bei *Accattone* Regieassistent war, ist dieses Zitat überliefert, das er häufig kolportiert hat: Pasolini hat eine Kamerafahrt gemacht, und er habe die Kamerafahrt erfunden.[6] Das ist eine emphatische Überschätzung, er hat sie nicht erfunden, aber er hat in den herkömmlichen Mitteln etwas gefunden, um das darzustellen, was als nicht kunstfähig, als nicht kunstwürdig galt.

MATTENKLOTT: Ich meinte es in einem allgemeineren Sinn als nur bezogen auf einzelne Kunstmittel oder künstlerische Idiome. Ich will ein Beispiel nehmen aus der deutschen romantischen Tradition, in der es einen Künstlertypus gab, den Clemens Brentano ganz rein erfüllt hat, der in sich die Schuld eines Subjektivismus gefühlt hat, der im Bewußtsein immer über alles hinaus ist und der zu keiner Sachlichkeit findet, weil er sich selbst als eine witzige Person angesehen hat, der zu den Sachen nur ein ironisches, ein spielerisches Verhältnis finden kann, und der in eine Sprachkrise geriet, die er in der Mitte seines Lebens glaubte lösen zu können, indem er als Chronist einer Stigmatisierten auftrat und aus deren religiöser Sprache die Sachlichkeit borgte. Ich glaube, daß dieses Motiv bei Pasolini sehr stark ist, zu einer Sachlichkeit finden zu wollen, die es ihm ermöglicht, aus diesem Subjektivismus, den er in sich gespürt hatte, hinauszukommen. Ich glaube, daß es Moravia ganz richtig gesehen hat, der gesagt hat, Pasolini wäre der Typus eines Intellektuellen »decadente e civile«[7], also dekadent von – ich sage das jetzt in Anführungszeichen – der Tradition seiner Herkunft und zugleich aber entschlossen zum Engagement, zugleich entschlossen zur Sachlichkeit, und daß das ein Widerspruch ist, an dem er zeitlebens getragen hat und der sein Verhältnis zu diesen einzelnen Engagements auch immer in Anführungsstriche gesetzt hat.

WITTE: Er hat ja keine Chroniken geschrieben. Nun hat er sich der Chronikform bedient und hat äußerliche Ereignisse, politische, seine filmischen Ereignisse in die Gedichte eingebracht. Er ist bekannt und bei uns einseitig berühmt geworden durch seine Leitartikel, sei es zur Abtreibungsfrage, sei es zum Scheidungsbegehren in Italien, um den spektakulärsten Essay zu nennen: »Von den Glühwürmchen«, den Umberto Eco in einem Interview in der SÜDDEUTSCHEN ZEITUNG ein hübsches romantisches Bild gefunden hat für etwas, was wir alle wissen, das zerstört ist.[8] Also daß Pasolini sich doch entschiedenermaßen auch romantischer Konzepte bedient und eigentlich nie als Chronist sich gefühlt hat, sondern eingreifend und vorgreifend war. Er ist sozusagen strategisch übers Ziel hinausgeschossen in seinen Äußerungen. Der frühe Roman »Der Traum von einer Sache«[9], der im Titel sich auf Karl Marx beruft, der die Landarbeiterstreiks 1948 im Friaul beschreibt, ist bloß ein chronistischer Anlaß, um utopische Momente dieser Landarbeiterbewegung zu schildern und darzustellen. Er hat in »Vita violenta«[10] das Leben, ein gewaltsames Leben, das kurze Leben eines Tagediebs, könnte man sagen, geschildert, Tommasino, der am Schluß sich utopisch einer KPI zuwendet, die das Mitglied Pasolini selber schon verstoßen hat. Das Moment des Chronisten seiner Zeit finden wir bei anderen Schriftstellern viel eher erfüllt.

MATTENKLOTT: Ich meine mit dem Chronistengestus den Versuch, als Anwalt von Sachen und von objektiven Dingen sich ins Spiel zu bringen. Diese utopischen Momente sind ja eigentlich immer welche, die er in einer Rückwärtsbewegung findet. Es ist eine Reflexionsbewegung, die auf Vergangenes geht, und mir scheint das bei Pasolini ein Wunsch nach Verjüngung gewesen zu sein, von einem, der immer schon älter ist, also ein Intellektueller, der Sehnsucht hat zur Einfachheit und ursprünglichen Spontaneität der Landbevölkerung; ein sprachlich Raffinierter, der Sehnsucht hat, im Dialekt zu sprechen; ein sexuell reflektierter und komplizierter Mensch, der die sexuelle Unschuld wiederentdeckt bei der Jugend auf dem Land, zunächst jedenfalls glaubt er sie wiederentdecken zu können, usw. Immer ist es eigentlich jemand, der älter ist und der in diesem Wunsch, sich zu verjüngen, solche utopischen Momente im Vergangenen entdeckt und sie dann als seine Sache transportiert. Und immer, glaube ich, hängt die Enttäuschung Pasolinis damit zusammen wie auch die zunehmende Heftigkeit und Verbitterung. Man muß das sehen bis in die letzten Leitartikel, das wird ja immer schärfer und immer bitterer. Er wird auch selbst immer älter, und das, was er an Jüngeren entdeckt, fügt sich nicht ins Bild, das er sich von dem Jüngeren macht; das Jüngere, das er umwirbt, das will immer woanders hin, als er es will.

WITTE: Also er weigert sich einfach konsequent, erwachsen zu werden; aber das wäre die Position eines Dandys, als habe er darüber selber frei zu verfügen und könne diese Position nach ästhetischem oder sexuellem Gutdünken frei einnehmen. Ich glaube eher, daß Pasolini zu dieser Radikalisierung auch zu einem schlechten oder schlimmeren Teil gezwungen worden ist. Man kann das nämlich doch so einordnen, daß diese fortschreitenden Radikalisierungen, die er einnimmt, nicht nur mit dem immer hastiger werdenden Partnerwechsel zu tun haben. Es hängt auch eher damit zusammen, daß er selbst verschiedene Austreibungen als immer einschneidender am eigenen Leib erfährt. Damit meine ich das Brechen des Beichtgeheimnisses durch einen katholischen Priester, der ihn in Friaul denunziert. Pasolini muß Friaul verlassen wegen homosexueller Akte, die er gebeichtet hat. Es wird öffentlich gemacht, und die DC, die Christdemokraten, nehmen es zum Anlaß, den kommunistischen Sekretär in Casarsa, Pasolini, zu denunzieren; darauf wird er aus der Partei ausgeschlossen wegen unwürdigen Verhaltens. Es sind im Laufe seines produktiven Lebens 33 Prozesse gewesen, das muß man sich auch vor Augen halten. Es gab während aller Dreharbeiten, während aller Schreibarbeiten kaum eine Woche, in der Pasolini nicht vor Gericht gerufen wurde, um seinen letzten Roman oder seinen letzten Film zu verteidigen oder wegen künstlerischer Unzucht oder privater Unzucht angezeigt zu werden. Das sind Stigmatisierungen, die er am eigenen Leib erfährt und die ihn über die Positionen des Décadent und des Dandy noch weit hinaustragen. Zu dieser fortlaufenden Radikalisierung wurde er gezwungen, die ihn eine Position als haltlos erkennen und eine neue einnehmen läßt.

MATTENKLOTT: Ich habe ihn auch nicht als einen Dandy porträtieren wollen, der darüber frei verfügen kann. Das wäre die zynische Variante dieses Verhaltens, die ich nicht unterstellen wollte. Mir scheint dieses Verhalten, sich verjüngen zu wollen und dabei immer eigentlich scheitern zu müssen, eher den Charakter einer Obsession zu haben, also etwas, dem er selbst gar nicht ausweichen kann, sondern das über ihn verfügt. Und ich denke mir, daß das zu tun hat mit der erotischen Konstellation seines Lebens, daß es wirklich bei ihm ein ursprüngliches Trauma zu geben scheint, das in diesem steten Werbungsverhalten zum Ausdruck kommt, das eigentlich gar keine Erwiderung haben will. Wie hat er zum Beispiel zeitlebens um die politische und soziale Öffentlichkeit geworben, gebuhlt geradezu, von den ersten Gedichtbänden an bis zu den späteren heftigen Leitartikeln, und es war doch eine Öffentlichkeit, die, wenn sie auf seine Werbung eingegangen wäre, er immer verachtet hätte. Das Bild, das er von der Öffentlichkeit hatte, war radikal konsumistisch, und hätte sie je sich auf ihn eingelassen, dann wäre er wütend darüber hergefallen als ein Beispiel für Konsumismus, der so verderbt ist, daß er selbst seine Ansichten noch vereinnahmen kann. Das Ideal, dem er nachschrieb, war von vornherein immer so konzipiert, daß er selbst draußen bleiben mußte. Seine eigene Passion war immer mitgedacht, immer mitkonzipiert. Je näher er sich auf

Zustimmung heranschrieb oder heranfilmte, desto leidenschaftlicher mußte er zugleich darauf sehen, die Differenzen zu markieren. Immer war das so angelegt, daß der Widerspruch erhalten bleiben mußte. Die Dissidenz oder die Abweichung gewissermaßen als das ursprüngliche Modell, das hat er immer festhalten wollen. Ich glaube, das gilt zum Beispiel auch für sein für mich ganz rätselhaftes, hartnäckiges Festhalten an dem Engagement für die italienischen Kommunisten, ich sage: rätselhaft nicht aus Verachtung für die italienischen Kommunisten, sondern weil es für jemanden, dem es so schwer wurde und der so wenig anfangen konnte mit der leninistischen Orientierung dieser Partei, an Masochismus grenzt: das Verhältnis, das er zu dieser Partei entwickelt hat. Jedenfalls ist das für mich auch ein Beispiel für dieses Festhalten an einem Widerspruch, der ihn eigentlich zum Märtyrer machen mußte.

WITTE: Er selber wurde bezichtigt, konsumistische Filme mit dieser *Trilogie des Lebens* zu drehen, die als einzige in den kommerziellen Kinos laufend eingesetzt werden, den drei vorletzten Filmen. Da muß er sich sozusagen übertreffen, indem er dann wieder abschwört, indem er diese berühmte »Abschwörung«[11] von seiner »Trilogie des Lebens« schreibt und sagt, der *Trilogie des Lebens* lasse er eine Trilogie des Todes folgen, deren erster Teil der Film *Salò* sein wird – und letzter Teil blieb. Könnte man das, was du für die Positionsbestimmung Pasolinis versuchst, auf das Werk etwas genauer abbilden und fragen, wie steht es mit der Avantgarde? Ist er sich selber je Avantgarde gewesen und geblieben, oder welche Widersprüche können wir sehen? Fortschreitende Selbstradikalisierung als Entäußerung und dahinter zurückfallende Radikalisierung des Werkes, wenn ich den Film *Salò* als Solitär einmal ausnehme, scheint mir die Schere so zu gehen: Je konventioneller die Filme werden, desto radikaler wird seine politische veröffentlichte Position, so als habe er diesen Widerspruch ausgelagert und nicht mehr im Werk selber radikalisieren können, das Avantgarde-Moment, immer an der vordersten Front zu stehen, sondern sozusagen sich selbst in der Produktion nur noch von Statements und von Stellungnahmen treu zu bleiben. Wir haben in der Bundesrepublik auch einen bekannten Intellektuellen, der immer schon da ist, wo die anderen noch nicht sind, einen, der sich zyklisch widerruft. Ich denke an H. M. Enzensberger, der sehr viel mit Pasolini in diesem politischen Eingreifen, in seiner politischen Essayistik gemein hat.

MATTENKLOTT: Enzensberger ist dann doch darin unterschieden, daß er nicht in die Niederlage so verliebt oder nicht auf die Niederlage so angewiesen ist. Das ist es vielleicht – ich zögere, weil Pasolini ja dabei ganz zweifellos der Leidende ist. Es ist eine wirkliche Obsession gewesen, die bei ihm diese Struktur ausmacht. Es gibt ein Gedicht von ihm (1963), das über sein Verhältnis zur Mutter Auskunft gibt und das ganz gut beschreibt, was ich mit der erotischen Struktur seines Lebens meine. Da stehen die Zeilen: »Ich will nicht einsam sein. Grenzenlosen Hunger habe ich / nach Liebe, nach körperlicher Liebe, seelenlos.«[12] Und seelenlos, so gibt der Kontext dieses Gedichts, muß diese körperliche Liebe bleiben, weil die Seele an die Mutter verpfändet ist, und sie ist die Geliebte. Das Gedicht artikuliert diesen Zwiespalt eines fortstrebenden, gewissermaßen zentrifugalen Körpers, der liebesgierig ist, und eines, der sich nirgendwo einlassen und binden kann. Und das scheint mir auch zu diesem ursprünglichen Trauma zu gehören und diesen Habitus einer Zurückhaltung zu begründen. Ich glaube, daß es bei Pasolini eine ursprüngliche Form von Zurückhaltung gab, gewissermaßen nie die Seele mitzubringen; es gibt bei ihm einen Zwiespalt von Leidenschaft und Sachlichkeit, beides fällt nie zusammen.

WITTE: Dieser Einschätzung zufolge würde er auch zu der von Klaus Theweleit erfundenen Klasse der nicht zu Ende geborenen Söhne gehören.[13] Mich stört daran, daß du das als traumatische Erfahrung beschreibst. Ein Trauma ist ja doch meist dazu da, produktionshemmend zu wirken, und mir scheint, daß er dieses Thema sehr produktiv gemacht hat. Wenn man das abbildet auf seine Produktionen, dann scheint es mir keineswegs so traumatisch gewesen zu sein, sondern durchaus in seine Alltagsproduktion, auch in sein veröffentlichtes Bild einzugehen. Ich habe vor kurzem einen Film gesehen, der demnächst im Westdeutschen Fernsehen ausgestrahlt wird, eben jener Film, an dem Peter Schneider mitgearbeitet hat und den Mörder Pasolinis interviewt.[14] Da gibt es eine alte, vom italienischen Fernsehen dokumentierte Szene, in der Pasolini genau das eben zitierte Gedicht an seine Mutter *in* seiner Wohnung, die er zeit seines Lebens mit seiner Mutter teilte, seiner Mutter vorliest, die ihm gegenübersitzt. Wenn jemand erlaubt, das Trauma so öffentlich zu machen, dann kann ich das so produktionshemmend nicht finden. Das ist etwas, das auch schon eine Attitüde ist, den ursprünglichen, individuellen Leidensdruck pathetisieren und ihm dann so auf den Leim kriechen, daß wir als Gemeinde dieses Märtyrers uns auch in diesem Leid versammeln müssen, weil genau das die Form ist, in der Pasolini als Schmerzensmann und auch als die Ikone dieser Schmerzen bei uns verklärt wird.

MATTENKLOTT: Ja, zu dieser Passionsverklärung wollte ich auch nicht beitragen. Ich glaube, daß Pasolini selbst diesen Widerspruch seines Lebens in dieser Zwiespältigkeit zwischen sachlichem Dasein-Wollen und reservierter Seele sehr wohl erkannt und reflektiert hat. Dazu ist er viel zu intelligent gewesen, um das nicht zu bemerken, und er hat es auch als ein Potential seiner eigenen Produktivität und auch seiner künstlerischen Produktivität gesehen. Höchstens unter den Bedingungen der Pasolini-Rezeption hier bei uns, die dieses Niveau des selbstkritischen Verhältnisses, das Pasolini hatte, nicht erreicht, liegt darin eigentlich eine Gefahr, deshalb insistiere ich da so, weil mir daran liegt, die Bedingungen deutlich zu machen, unter denen er produktiv gewesen ist und, wie ich dir jetzt auch sagen möchte: immer unproduktiver geworden ist. Ich glaube, daß dieser Widerspruch ja auch eine Statik ausgebildet hat in seinem Leben, auf das dann immer wieder neue Verhältnisse einfach zugeordnet wurden, was zu einem Abnutzen seiner Produktivität geführt hat. Man kann im Verlauf der 60er Jahre sehen, daß seine poetische Produktion versiegt. Er schreibt zum Schluß kaum noch Gedichte, während er ganz zum Leitartikler wird; immer stärker, doch auch immer schärfer erfährt er diesen Widerspruch. Er kriegt es nämlich zugestanden; also hat er eine Kolumne im CORRIERE DELLA SERA, und er scheint immer erbitterter, weil das nicht die Bedingung sein kann, unter der er arbeiten will. Und deshalb wird der Widerspruch immer krasser und für ihn immer unerträglicher, künstlerisch aber zugleich immer weniger ergiebig.

WITTE: Also, daß es Krisen gab auch in dieser heftigen Schlußphase der 70er Jahre, ist bekannt. Ich stelle eine praktische Frage: Wie weit kennen wir das Spätwerk? Solange man weiß, daß sein großer 700seitiger Roman unter dem Titel »VAS«[15] noch nicht einmal italienisch publiziert ist, können wir der These nicht Vorschub leisten, wenn sich jemand so exzentrisch manifestiert, daß es mit einer künstlerischen Krise, mit einem Versiegen einhergeht. Dagegen spricht immer noch der Film *Salò oder die 120 Tage von Sodom*, dessen Radikalität ja nicht überboten ist.

Worauf ich zurückkommen möchte, ist ein praktisches Beispiel für diese dilettantische Form der Einbeutung, in der Pasolini zur Schmerzenskrone, zum Märtyrer gemacht wird. Das ist ein Gedicht von Konstantin Wecker, das heißt »Elegie für Pasolini«. Einmal abgesehen von der anfangs angesprochenen Ebene der Sprachschulen und sexuellen Suchanzeigen, möchte ich doch dieses Beispiel kurz vorlesen. Es heißt da: »Glaub mir, Paolo Pasolini, / sieben Jahre nach deinem Tod / hat sich nicht viel verändert. / Die Veilchen blühen im Frühling / nach dem gleichen Prinzip, / und all die schönen, / begehrenswerten Knaben / schlagen nach wie vor / ihren Freiern / die Nasen ein. / Die Faschisten haben dieselben / Orgasmusprobleme / und warten mit geblähten Samensträngen / auf die Endlösung.«[16] Ich breche hier ab, weil ich weiter gar nicht lesen möchte. Das ist eine Form der doch sehr unglücklich pathetischen Annäherung, die man sich bei Konstantin Wecker wahrscheinlich noch gesungen vorstellen muß, damit sie die Formen des Melodrams auch erfüllt.

MATTENKLOTT: Und für die Pasolini der erste Kritiker selber gewesen wäre. Ich erinnere mich irgendeiner seiner sprachtheoretischen Polemiken, in der er sich mit den unvernünftigen Superlativen der kulturphilosophischen Propaganda beschäftigt, wo er sagt, es müssen ja nicht immer diejenigen schon Mörder genannt werden, die zum Mord anstiften oder sich dem Morden gegenüber gleichgültig verhalten usw., und wo er gegen einen bestimmten Typus von linker Polemik angeht. Ich denke, daß gegen diese Art von expressiver Trunkenheit, wie sie aus diesem Wecker-Gedicht sprach, er auch innerhalb der italienischen Verhältnisse ein sehr vehementer Kritiker wäre. In der Geschichte der italienischen Intelligenz hat Pasolini als einer der wichtigsten Intellektuellen einen neuen Typus von Rationalität auch im Umgang mit Emotionen und Expressivität geprägt. Gerade sein Widerstand gegen dieses Fortschwemmen durch expressive Rhetorik, wie man sie in den italienischen Diskussionen von Wissenschaftlern bis in die 50er Jahre oft gefunden hat, wird ja auch von anderen beschrieben als von Pasolini, der dagegen Front gemacht hat. Er hat sich selbst eher auch als Kritiker Gramscis, etwa der Sprache Gramscis, und als Rationalist verstanden und sich selbst in der kritizistischen Tradition gesehen. Das ist etwas, das sicher in dieser törichten Identifikation ganz unterschlagen wird.

WITTE: Weil das sowohl von der politischen Tradition – wie kann man Gramsci für die Literaturwissenschaft produktiv machen – wie auch von der Literatur selber eingebracht wurde, und da muß ich eben daran erinnern, wie die konkrete Situation ist dessen, was wir deutsch von Pasolini lesen können, was wir alles noch nicht lesen können. Pasolini, der Zeichentheoretiker, der sich sozusagen selber mit Vorsatz versachlichte, indem er alle neueren semiotischen Theorien der 60er Jahre aus Paris für seine Filmsprache und für seine Reflexionen zur Filmsprache fruchtbar sich angeeignet hat und auch eine Schlüsselfigur für die Rezeption dieser Theorien in Italien darstellte. Es gab vor ihm keinen, der sich dieser Theorien annahm und sie in die Diskussion so einbrachte, daß man darüber nicht mehr hinweglesen konnte. Der zweite Punkt ist Pasolini als Sprachwissenschaftler, und da können wir Aufsätze in dem Band »Ketzererfahrungen«[17] lesen; allein die Übersetzung scheint mir schon eine unnötige Pathetisierung. Der Titel heißt »Häretischer Empirismus«, ist also selber etwas akademischer gefaßt. Empirismus ist im italienischen Titel dieser Essay-

Sammlung das Hauptwort und nicht das Ketzerhafte, aber »Ketzererfahrungen« ist eine gewisse Aufwertung, die sich mit dem Freibeuterbild Pasolinis ganz perfekt ergänzen kann. Was weiter fehlt, sind seine literaturkritischen Aufsätze. Er hat ja eben nicht nur zu spektakulären Sachen Stellung genommen, er hat zur internationalen Literatur, er hat zu Enzensberger[18], er hat zur Gottfried Benn-Übersetzung der »Statischen Gedichte«[19] Stellung genommen, er hat einen Essay über Ezra Pound[20] geschrieben. Wir haben im Dritten Fernsehprogramm Pasolini im Gespräch mit dem für seine Faschismus-Sympathien bekannten Ezra Pound gesehen[21], auch das scheint mir recht ungewöhnlich, wo bei uns Schranken festgeschrieben werden, Eingrenzungen vorgenommen werden. Wenn ein Pasolini Ezra Pound besucht und mit ihm über den Zustand der Weltliteratur redet, dann ist es etwa so, als würde Peter Schneider, ohne sein politisches Gesicht zu verlieren, Ernst Jünger besuchen. Pasolini hat auch solche politischen Grenzen übersprungen und Dialoge hergestellt, Dialoge auch im Sinne der verschärften Auseinandersetzung für möglich gehalten, er hat überhaupt versucht, was andere Leute aus Konvention – akademischer, politischer – nicht für möglich gehalten haben.

MATTENKLOTT: Vielleicht noch zu ergänzen: Pasolinis Lyrikbände. Es sind jetzt gerade zwei Titel, die übersetzt sind, aber es gibt ein Vielfaches von Lyrikbänden.

WITTE: Ich finde es immerhin erstaunlich, daß der Verlag Volk und Welt 1968, als bei uns sehr wenig Pasolini übersetzt war, als ganz andere Klassiker gelesen wurden, den »Traum von einer Sache« übersetzte, der bei uns sehr viel später in Lizenz übernommen wurde, daß Günter Kunert, als er noch in der DDR lebte, sich mit Gedichten Pasolinis aus der römischen Zeit beschäftigt hat und nach einer Interlinearversion deutsche Fassungen vorlegte.[22] Um diesen Durchgang der Kenntnis und Noch-nicht-Kenntnis, der Möglichkeit von Kenntnisnahme abzuschließen, muß ich sagen, daß seit Jahren der große Roman Pasolinis »Ragazzi di vita«, den das Kindler-Literaturlexikon so halbherzig mit »Die Halbstarken« übersetzt, weil sie da das Wort »Strichjungen« wohl anstößig finden, nicht übersetzt ist bei uns. Dieses Hauptwerk wird seit zwanzig Jahren von einem Verlag zum anderen geschoben, und es gibt eminente Übersetzungsschwierigkeiten. Ich warne eben vor solchen Äußerungen, wie man sie von bei uns bekannten Kritikern hat lesen können, daß das lyrische Werk von Pasolini so gut wie übersetzt sei. Es ist, so schlecht, wie es übersetzt ist, noch lange nicht übersetzt.

MATTENKLOTT: Kommen wir auf Pasolinis Niederlagen zurück. Ich frage mich, wieso Pasolini sie offensichtlich brauchte. Ich glaube, daß für ihn diese Niederlagen eine Bestätigung seines Ausschlußverhältnisses gewesen sind. Er spricht selbst einmal von einer traumatischen Erfahrung des jungen Lenin, der dabeigewesen sei, wie sein Bruder von der Polizei liquidiert wurde. Nun hatte Pasolini, wie die meisten vielleicht auch wissen, auch einen Bruder, der von den Kommunisten liquidiert wurde, und ich denke, als er das über Lenin und die Liquidation von dessen Bruder schrieb, hat er sicherlich auch diese Assoziation nicht nur zugelassen, sondern auch wecken wollen. Aber an der Bemerkung scheint mir das charakteristisch zu sein, daß er selbst das gesehen hat, diese Traumatisierung eines ursprünglichen Ausschlußerlebnisses, von dem er dann sagt, bei Lenin sei das später immer wieder durchgeschlagen. So hat er an sich selbst beobachtet und können wir an ihm beobachten, daß er in seinem intellektuellen Verhalten, also überall, wo er in Diskussionen eingreift, immer so eingreift und immer dann eingreift und immer mit solchen Argumenten eingreift, von denen sich absehen läßt, daß er mit ihnen der Unterlegene ist. Ja, es war auch seine Auffassung, die dann als ein Engagement für die jeweils Schwächeren geradezu ein intellektueller und moralischer Reflex bei ihm wurde. Es lassen sich auch viele gute moralische Gründe für dieses Verhalten angeben.

Pasolini greift immer so ein, daß er auf der Seite der Schwächeren ist. Aber dieses Engagement auf der Seite der Schwächeren muß nicht immer das vernünftigere sein. Er hat zum Beispiel in einem Augenblick, als er die Studenten Ende der 60er Jahre auf der Straße sah, mit heftiger Aggressivität gegen sie polemisiert, und zwar in dem Augenblick, als die ganze große liberale Presse geschlossen hinter den Studenten stand. Und ich denke, da war es für ihn ein wichtiges Moment, daß die große liberale Presse hinter ihnen stand und er plötzlich die Studenten eigentlich als die Stärkeren sah, und so hat er dann auch argumentiert, nicht? Er hat gesagt, das sind Bürgersöhnchen, die jetzt Revolution spielen und nur als Revolutionäre verkleidet sind. Nun kann man ja viel gegen diese 68er-Revolte vorbringen, aber ich glaube, die Weise, wie er eingegriffen hat, die war weniger von der Vernunft diktiert als von diesem Schematismus des Engagements jeweils auf der Seite derer, die er aussichtslos ins Unrecht gesetzt sieht.

WITTE: Das Argument hat einen zweiten Pol, eben daß die Polizisten in diesem Fall, weil sie nämlich bekanntlich Bauern-, Arbeitersöhne aus Süditalien, aus Sizilien und Kalabrien sind, in Pasolinis Fall Vertreter der Dritten Welt sind, und so sei das eben ein Aufstand der Bürgersöhne gegen die Dritte Welt, das ist eine Radikalisierung zweier Positionen.

MATTENKLOTT: Und ich denke, das kann er nicht politisch ernst gemeint haben, sondern ein so verspanntes, ein so in sich verzogenes Argument ist doch vielleicht ein Hinweis darauf, daß sich da auch gegen seinen Verstand Dinge durchsetzen oder sich ein Schematismus in der Reaktionsweise durchsetzt, daß er immer überall so argumentiert, daß er den kürzeren ziehen muß.

Ich möchte mich noch zum Leitmotiv »Musik« äußern. Wenn man sich fragt, inwieweit Pasolinis Verwendung von Musik dilettantisch ist (wie zum Beispiel die Bach-Musik in *Accattone*), so glaube ich, daß in der erotischen Trilogie sich Beispiele des Dilettantischen noch in größerer Häufung angeben lassen. Das hängt wohl zusammen mit diesem verzweifelten Wunsch, sich verjüngen zu wollen durch Naives, Jugendliches, durch Unmittelbares, also Kunstmittel zurückzunehmen, selbst wo er sie beherrscht, und er selbst weiß natürlich in dem Augenblick, daß das dilettantisch ist. Das kann jemandem, der so versiert mit dem Handwerklichen umgehen konnte, nicht verborgen geblieben sein. Ich denke mir, daß es der Versuch einer sentimentalen Rückbildung des Technischen ist, so wie er versucht hat, das eigene sexuelle, erotische Reflexionsniveau zurückzubilden auf der Ebene des Stoffs in dieser erotischen Trilogie; daß dem eigentlich dieser Versuch einer technischen Rückbildung entspricht. So würde ich es mir erklären, daß dieser Dilettantismus in den technischen Mitteln gerade auch zunimmt in den Filmen dieser Trilogie.

WITTE: Aus der deutschen Musiktradition ist es wohl eine gewisse Schamverletzung, den Schlußchoral aus der Matthäus-Passion »Wir setzen uns mit Tränen nieder« zum Tode Accattones zu spielen. Das mag in Italien anders klingen. Und wie Werner Schroeter mit dem Neapel-Mythos umgeht, mögen die Italiener auch als schamlos empfinden.²³ Gerade im Film *Matthäus-Evangelium* wird sehr disparate und sehr asynchrone Musik genommen, die nach einem mitteleuropäischen Musikverständnis da eigentlich nicht hineingehört. Und da sind Momente, in der *Afrikanischen Orestie*: Was haben da russische Partisanenlieder zu suchen, oder was hat da brasilianischer Jazz verloren, das sind Momente der Asynchronität von Bild und Ton, bei denen wir uns in der ästhetischen Beurteilung eine Überprüfung vorbehalten müssen. Ich kann den Einwand nur verstehen als eine Aufforderung, Einseitigkeiten auszutauschen.

MATTENKLOTT: So was kann man ja nicht im Tonfall von Rechthaberei vorbringen, als hätte jemand ein Rezept, wie man Persönliches und Politisches auf eine angemessene Weise zusammenfügt. Nur das war mir wichtig, daß man einen kritischen Blick haben muß für die Gefahren, die herauskommen, wenn man sich das Wissen aus dem Kopf schlägt, daß Pasolini politische und künstlerische Strategien entwickelt im Zusammenhang auch persönlicher Lebensfragen. Er gilt, glaube ich, auch als ein Beispiel dafür, wie politisches, gesellschaftliches Engagement mit existentiellem Einsatz vorläufig zusammengehen kann. Dafür scheint er ja ein besonders gutes Beispiel zu sein, und doch darf man ihn nicht einfach nur als Habitus annehmen, sondern muß sich fragen: was denn für ein Engagement? Was für ein persönliches, für ein existentielles Verhältnis zum eigenen Leben war dabei?

WITTE: Gegen diesen Nachahmungs- und Nachbetungsgestus deutscher Kritiker, gegen diese Verfestigungen ist anzulesen, wofür Pasolini selber noch lange nicht ausgeschöpftes Material bietet. Wir wissen alle, daß er ein schwuler Künstler war, der auch schwule Kunst produziert hat. Aber ich glaube, in allen seinen Stellungnahmen einschließlich der »Freibeuterschriften« hat er niemals abgespalten, daß Schwule besonderen Rabatt innerhalb der Minderheiten kriegen, oder daß er sozusagen abgetrennte Statements an die homosexuelle Minderheit Italiens verlauten läßt. Pasolini hat das selber nicht mitvollzogen, er hat das Wort »gay« im politischen Sinne für Italien abgelehnt. Die homosexuellen Komponenten, wie weit sie produktiv oder produktionshemmend wirken in dem Werk, haben ja keineswegs zur Verklärung des männlichen Körpers geführt, sondern sie haben ja geradezu zu verschärften Bestrafungsakten dieser Lust geführt, und insbesondere in Pasolinis hedonistischer *Trilogie des Lebens*.

MATTENKLOTT: Wenn ich vorhin betont habe, daß dieses prinzipiell sentimentalische Verhältnis bei ihm an erster Stelle steht, also immer die Erfindung von etwas Jüngerem, sei es geschichtlich, sei es sozial, sei es erotisch Jüngerem, dann meinte ich schon, daß das sehr viel zu tun hat mit Pasolinis erotischer Biographie, in der er als Liebhaber an Jüngere fixiert gewesen ist; und eben auch immer in dieser Rolle des eigentlich aussichtslos Liebenden, weil die, die eben noch jünger waren, in dem Augenblick, wo sie nachgeben, es schon nicht mehr sind. Er betet sie an als Jüngere, aber er kriegt sie dann immer nur als Ältere, die die Sexualität dann im nächsten Augenblick auch schon konsumieren. Auch dieses Verhältnis scheint mir eher ein problematisches, kompliziertes gewesen zu sein. Ich sehe sein Verhältnis zur Schwulenbewegung vielleicht etwas negativer oder etwas kritischer. Er hat sich mit Äußerungen dazu ja sehr zurückgehalten. Man hat als Begründung gesagt: weil er den Konsum auch seiner privatesten, intimsten Dinge nicht mitbetreiben wollte. Das ist vielleicht ein Moment gewesen. Ein anderes ist aber wohl auch, daß er in diesem Zusammenhang ein Gegner alles Analytischen und alles Psychologischen gewesen ist. Das berichten seine Freunde, das weiß man auch aus unmittelbaren Äußerungen; daß er sich geweigert hat, seine eigene Form von Sexualität in analytischen Kategorien zu denken. Das hatte sicher auch einen politischen Sinn; daß er gesagt hat, diese Diskussionen, wie Homosexualität entstanden sein mag, die mache ich nicht mit, sondern für mich ist das etwas, was nun mal so ist, eine Naturform der Sexualität, wie er gesagt hat.

WITTE: Eine archaische Form.

MATTENKLOTT: Es war für ihn eine archaische, eine vorgesellschaftliche Form, und sie zählt zu den Ursprüngen, aus denen er sich selbst hat erfrischen wollen. Da finde ich den problematischen Punkt, diese Tabuierung der eigenen sexuellen Bedingungen: daß er an entscheidenden Stellen immer wieder dazu neigt, das, was er als das Jüngere verehrt oder in diesem sentimentalen Verhältnis verklärt, von der Analyse auszusparen. Ich glaube, daß seine Engagements so leicht den Charakter von Ressentiment annehmen, weil er ein solcher Gegner der Psychologie ist.

WITTE: Wir verfallen darauf, jetzt zu spekulieren. Ich sehe für mich nur Interessantes, inwieweit sich das Ressentiment produktiv im Werk abbildet. Denn es ist viel zu lange über das Leben dieses Schriftstellers und Filmemachers spekuliert worden, so als sei sein Tod das schönste und letzte Kunstwerk gewesen, und all diese Fragen der Zwangsläufigkeit, der Fatalität, seinem archaischen Trieb eingeschrieben.

MATTENKLOTT: Wenn jemand nicht nur in seinem privaten Verhältnis zu sich selbst, sondern auch programmatisch einen solchen prinzipiellen tabuierenden Vorbehalt gegen Psychologie in der Form analytischer Bearbeitung der eigenen Sexualität hat, dann schlägt das doch auch durch ins Werk. Sonst könnte er nicht plötzlich diese erotische Trilogie schreiben, die Sexualität angeblich in ihrem Naturzustand oder in ihrem unschuldigsten Zustand zeigt. Das, scheint mir, ist eine Fiktion, eine fingierte Unschuld, eng zusammengehörend mit der Neigung, sich selbst als einen erotischen Landmann zu wünschen: agrarische Sexualität.

1 *Hans Christoph Buch: Der Rote Korsar, in:* DER SPIEGEL, *Nr.1 (1979), S.77.*
2 *Vgl. Wolfram Schütte: Es war einmal/C'etait une fois/C'era una volta. Versuch über den europäischen Film, in: Hans Günther Pflaum (Hg.): Jahrbuch Film 85/86, München: Hanser 1985, S.69.*
3 *Vgl. Wolfram Schütte: Ketzererfahrungen. Das Leben und Werk von Pier Paolo Pasolini, NDR 3, Kulturelles Wort, 10.1.1984, Ms. S.33.*
4 *Pier Paolo Pasolini: Poesie a Casarsa, Bologna: Libreria Antiquaria Mario Landi 1942.*
5 *Vgl. Pier Paolo Pasolini: Enge der Geschichte und Weite der bäuerlichen Welt, in: Ders.: Freibeuterschriften, Berlin: Wagenbach 1979, S.45.*
6 *Vgl. Peter W. Jansen, Wolfram Schütte (Hg.): Bernardo Bertolucci, München/Wien: Hanser 1982, S.92.*
7 *Vgl. Alberto Moravia: Pasolini poeta civile, in: Italian Quarterly, Nr.82/83, 1980/81, S.9f.*
8 *Vgl. Walter Schreiber: Galileo, Luther und die totale Information. Ein Gespräch mit dem italienischen Semiotiker und Romancier Umberto Eco,* SÜDDEUTSCHE ZEITUNG, *Nr.269, 22.Nov.1985, S.45.*
9 *Pier Paolo Pasolini: Il sogno di una cosa. Romanzo, Mailand: Garzanti 1962; Deutsch: Ders.: Der Traum von einer Sache. Roman, Berlin: Volk und Welt 1968, sowie Berlin/Wien: Medusa 1983 und Frankfurt/M.: Fischer 1986.*
10 *Pier Paolo Pasolini: Una vita violenta. Romanzo. Mailand: Garzanti, 1959; Deutsch: Ders.: Vita violenta, Roman. München: Piper, 1963, sowie Berlin: Volk und Welt, 1977 und München: Piper, 1983.*
11 *Pier Paolo Pasolini: Widerruf der* Trilogie des Lebens, *in: Ders.: Lutherbriefe, Berlin: Medusa 1983, S.59-63, sowie in:* FILMKRITIK, *Nr.230, Februar 1976, S.92-95.*

12 Pier Paolo Pasolini: Bitte an meine Mutter (1963), Übers. von Thomas Schmid, in: alternative, Nr.125/126, 22.Jg., 1979, S.103.
13 Vgl. Klaus Theweleit: Männerphantasien, 2 Bde., Frankfurt/M.: Stroemfeld/Roter Stern 1978, besonders: 2. Bd, 4. Kap.: Männerkörper und weißer Terror, S.246, 257, 283.
14 Vgl. Peter Schneider: »Dir müßte man einen Orden geben.« Schriftsteller Peter Schneider über eine Begegnung mit Pier Paolo Pasolinis Mörder. In: DER SPIEGEL, Nr.48, 25. November 1985, S.238-251.
15 Der Roman bekam den Titel »Petrolio«, Turin: Einaudi 1992; deutsch: Berlin: Wagenbach 1994.
16 Konstantin Wecker: Elegie für Pasolini, in: Das Kino im Kopf, Eine Anthologie, hg. v. Martin Ripkens und Hans Stempel, Zürich: Arche 1984, S.255.
17 Pier Paolo Pasolini: Ketzererfahrungen. »Empirismo ereticoä. Schriften zu Sprache, Literatur und Film, München/Wien: Hanser 1979.
18 Pier Paolo Pasolini: Der Autor als Vermittler. Hans Magnus Enzensbergers »Der kurze Sommer der Anarchie«, in: Ders.: Literatur und Leidenschaft. Über Bücher und Autoren, Berlin: Wagenbach 1989, S.143-148.
19 Pier Paolo Pasolini: Gottfried Benn »Poesie statiche«, in: Ders.: Descrizioni di descrizioni, Turin: Einaudi 1979, S.71-75.
20 Pier Paolo Pasolini: [Campana e Pound], in: Ebd., a.a.O., S.235-240.
21 Ezra Pound (Pasolini interviewt Ezra Pound und liest einige seiner Gedichte), Regie: Vanni Ronsisvalle, Radiotelevisione Italiana (RAI TV) 1967, (24 min).
22 Vgl. Pier Paolo Pasolini: Auszüge aus den Gedichten »Kundgebung« / »Comizio« und »Das Weinen der Baggermaschine« / »Il pianto della scavatrice«, aus: »Le ceneri di Gramsci«, Mailand 1957, sowie »Die Thermen des Caracalla« / »Verso le terme di Caracalla« und »Geschlecht: Trost des Elends« / »Sesso, consolazione della miseria«, aus »La religione del mio tempo«, Mailand 1961, Übersetzung von Günter Kunert, in: Italienische Lyrik des 20. Jahrhunderts, Christine Wolter (Hg.), Berlin/Weimar: Aufbau 1971, S.387-405.
23 Werner Schroeter: REGNO DI NAPOLI/NEAPOLITANISCHE GESCHWISTER, BRD 1978.

Die Kosmogonie eines Autors
La rabbia *von Pier Paolo Pasolini*

Sieben europäische Frauen verfilmten vor einiger Zeit ihre Ansichten zu sieben christlichen Todsünden. Als diese gelten: der Hochmut, die Völlerei, die Geilheit, der Zorn, der Neid, der Geiz und endlich die Trägheit. In den bildenden Künsten wurden diese menschlich weit verbreiteten Eigenschaften – in der christlichen Soziallehre als Sünde angenommen – als Herausforderungen der Allegorie verstanden. Entsprechend ihrem Genus im Lateinischen waren die Sünden weiblich. »Der Zorn« wurde oft als Amazone dargestellt, die, mit Schwert, Schild und Helm bewaffnet, in Begleitung eines grimmigen Bärs militant die Diagonale des Abbildungsraumes erobert. Der Zorn ist eine physische Ekstase. Wer das Zorngefäß innehat, gerät außer sich. Seine Kleider bauschen sich zu aggressiven Spitzen auf, seine Worte schleudern wie Pfeile aus dem Köcher. Der Zorn ist eine Extension aus Bauch und Brust, zwei Zentren, aus denen heraus dem Wissenschaftler zu reagieren und zu räsonieren mit der treffenden Formel seines geistigen Ideals: »sine ira et studio« untersagt wird. Die sieben Todsünden sind Emblemata der Sinne. Die bleiben nicht bei sich. Die greifen aus. So wird aus Sinn Affekt, der erst jenseits von Reiz und Reaktion Form gewinnt.

Die alte christliche Todsünde des Zorns wird bei Pier Paolo Pasolini zu einem neuen und poetischen Affekt, der sein Werk in allen Bereichen: vom Gedicht zum Gemälde, vom Essay zum Spielfilm, vom Leitartikel zur Kritik, vom Aufsatz zum Aufruf durchzieht. Zorn, Wut und Empörung sind gleichsam die Dreifaltigkeit seiner Urszene, Vater, Mutter und das im Dunkel lauschende Kind zugleich. Die Empörung gegen den faschistischen Vater, die Empörung gegen die linke Resistenza, die seinen Bruder tötet, die Empörung gegen die heuchelhafte Sexualmoral der Kirche sowie der Kommunistischen Partei, die Empörung gegen den Konsumismus, die Abtreibung, die langen Haare, die Empörung über das Verschwinden der Glühwürmchen. Nie beruhigte sich Pasolini wieder. Im Gegenteil, er schäumte oft über. In seine Texte floß der Zorn wie ein Körpersekret ein.

War die Wut die Quelle seiner Inspirationen, so wurde sein Werk zur vielstrahligen Fontäne, zu einem Schaustück, das sich auch nach dem Tode des Autors nie erschöpft.

Vor aller Filmarbeit war Pasolini als Poet und Romancier bekannt. Filme waren ihm die Fortsetzung seiner Versuche mit anderen Mitteln. Der Affekt blieb sich treu. In dem Gedicht »Fragment an den Tod« hieß es: »Ich komme zurück, komme heim zu dir / (...) Eine schwarze, poetische Wut in der Brust.«[1] Die Farbe Schwarz verweist darin auf den Ursprung als Körpersekret, die Brust auf den Schauplatz der Affekte. Allerdings wäre diese Zeile: »Una nera rabbia di poesia nel petto.«[2] auch zu übersetzen als eine »schwarze Wut auf Poesie« oder »über Poesie«. Verschränkt sind hierin Handwerk und Physik des Schreibens, das Pasolini übte. Zwei Jahre nach diesem Gedicht, 1960, erscheint ein Zyklus, der in seinem Titel: »Poesie incivili«[3] Empörung signalisiert. Ein Gedicht aus diesem Zyklus ist überschrieben: »La rabbia«.[4]

Das Gedicht schließt mit den Zeilen (in meiner Übersetzung): »... Mit fast vierzig Jahren / Finde ich mich im Zorn wie ein Junge / Der außer sich nichts Neues kennt, / Und der sich gegen die alte Welt empört. / Und wie ein Junge ohne Mitleid / Oder Scham verkenne ich nicht / meinen Zustand: Frieden werde ich nie finden.«[5]
So wie die Wissenschaft eine Disziplin sine ira et studio sein soll, so ist der Zorn eine Disziplin, die ohne Mitleid

oder Scham ist: nach Pasolinis Definition. Die Zeilen des Gedichtes laufen ineinander, der Vers mündet in Prosa, die Prosa in eine essayistische Selbstvergewisserung. Das Gedicht wird zum Schauplatz der affektischen Standortbeschreibung. Das Versprechen, das ihm eingeschrieben ist, ist die Verheißung auf Jugendlichkeit. Der Zorn ist nicht nur Pasolinis Quelle, er taucht in ihn wie in einen Jungbrunnen ein. Nicht unbedingt nur in seiner Eigenschaft als Poet, vielmehr in erster Linie in seiner condition humaine als Homosexueller. Was seine Mit- und Nachwelt an dem Akt verstört, ist, daß Pasolinis Wut nicht verrauchte und er, statt in Sehnsucht sich zu verzehren, sich im Zorn zerriß.

Über seinen 1963 entstandenen Kompilationsfilm *La rabbia* sagte Pasolini: »Es ist ein Film, der aus bereits vorgeführtem Material besteht (neunzigtausend Meter Film: Material aus etwa sechs Jahren einer Wochenschau, die eingegangen ist). Ein mehr journalistisches Werk also als ein kreatives. Mehr ein Essay als eine Erzählung.«[6] Man sieht, daß die Genrebezeichnung »Essay« ein abgrenzendes Understatement nötig hat. Sie muß, auch in Italien ist das kein Wunder, Erwartungen dämpfen, die vom Künstler Kunst erwarten. So macht sich der Essay in der Formulierung seines Schöpfers klein, sucht nicht bei kreativen Genres Zuflucht, sondern bei den Genres, die von der Kunstnorm ausgegrenzt sind. Der Essay ist, vertraut man Pasolinis eigenen Entschuldigungen, so unkreativalltäglich wie der Journalismus.

Dabei hat das italienische Wort »saggio« für Essay nicht einmal den Beigeschmack der Neutralisierung von »Versuch«, vielmehr leitet es sich von »exagium«, der »Bilanz«, der »Wertschätzung«, der »Erwägung« ab. Dem Essay eigne mithin das Kalkül der wirtschaftlichen Nüchternheit, so als wäre die Bilanz aus der Buchhaltung der Medici auch ein Essay. Pasolini wiegelt in der Vorrede zu seinem

Film, die eine Nachrede ist, den Verdacht einer fiktionalen Erhebung ab. Nichts Eigenes sei im Spiel, nur vorgefundenes Material neu im Schnitt komponiert, im begleitenden Text neu kommentiert. Die Platzzuweisung liegt dabei deutlich unter dem Spielfilm, unter allen als kreativ geschätzten Größen.

Ein Journalist greift gewöhnlich nicht vor, er greift ins Geschehen ein. Vorgreifend, utopisch wirkt dagegen der Schriftsteller, der sich allein auf seine Phantasie beruft. Der Kompilationsfilm, der altes Material an den Nahtstellen gegen sich selbst wendet, ist ein Genre, das sich in der Folge sowjetischer Revolutionsfilme in Europa ausbildete. Die Filme der Ester Schub sind das große Beispiel. *Der Fall der Romanow-Dynastie*, ursprünglich zaristisches Zelluloid, wurde unter Schubs Händen ein Manifest der Revolution. Pasolinis Film *La rabbia* könnte auch zu lesen sein als »Der Fall der Fünfziger Jahre«. Die alte Wochenschau zerschlug der Regisseur, um an ihrer ruinösen Stelle eine Reise um den Tag in vierundzwanzig Welten anzutreten.

Dieser Film, zwischen den Filmen *Mamma Roma* und *La ricotta* einerseits und *Comizi d'amore* und *Il vangelo secondo Matteo* andererseits, erfreut sich keiner besonderen Wertschätzung bei der Kritik. Pasolini selber war, im Gespräch mit Oswald Stack über die Gesamtheit seiner Filme, ein Kritiker, der Wendungen des Unbehagens an *La rabbia* einbrachte. »(It) is a strange film because it is entirely made up of documentary material, I didn't shoot a single frame. (...) One odd thing about the film is that the commentary is in verse: I wrote some poetry specially for it.«[7] Die benutzten Adjektive »strange« und »odd« sollen bekunden, daß dieser Film die Normen sprengt, die Kritik mit ihm kaum zurechtkommt. Sandro Petraglia greift den »Eindruck eines tiefen Unbehagens« auf und begründet diesen: »La poca politica e la molta poesia non aiutano certo a capire e a distinguere«[8] (Wenig Politik und viel Poesie tragen gewiß nicht zum Verständnis und zur Unterscheidung bei). Adelio Ferrero beklagt das »Heterogene von Orten und Fakten« sowie die »unkontrollierte polemische Energie«[9]. Enzo Siciliano resümiert sein Urteil zu *La rabbia* in seiner groß angelegten Biographie, als fasse er die öffentliche Meinung zusammen: »Die mit Pietät bemäntelte Beredsamkeit des Textes gefiel nicht.«[10] Wolfram Schütte vermißte eine Entscheidung für ein Genre. Ihm war Pasolinis Begleittext »teils pathetisch, teils elegisch«, das montierte Filmmaterial »ein verwirrendes, sprunghaft-assoziatives Kaleidoskop von Bildern«, ja »ein enigmatisches Schattenspiel«.[11]

Entzieht sich der Film-Essay jedweder Kategorisierung? Ist er mehr als ein ungeliebter Wechselbalg? Kaum zufällig wird er ständig hin- und hergeschoben, ins Zwischenarchiv gesteckt, auf Abruf zur Adoption. Wenn der Film *La rabbia* eines Namens und eines Genres sich erfreuen dürfte, dann wäre es der einer Elegie. *La rabbia* ist ein Klagelied, auch eine Morallehre – »eine kinematographische Theorie des Bösen«[12] (wie Thomas Medicus es faßt) –, ein Ausbruch der pasolinesken »schwarzen poetischen Wut«[13] auf die Welt, die von den apokalyptischen Reitern der Politik in den Abgrund gerissen wird. Themen dieser Elegie wie vieler anderer sind Abschied, Trennung, Abbruch und Totenklage. In dieser Klage äußert sich kein Weltschmerz, sondern die Verletzung eines militanten Menschenfreundes.

Aufgefordert von der Redaktion der CAHIERS DU CINÉMA, etwas zum Sonderheft »Pasolini« beizutragen, lieferten Jean-Marie Straub und Danièle Huillet keinen eigenen Text, aber doch Fremdmaterial vom Eigensten ihrer Materie. »Was uns bei einigen Filmen, happy few, von P. P. P. berührt hat«[14], schreiben sie aus Rom nach Paris, und setzen dann ein Zitat aus einer Bach-Kantate ein: »Gib mir dabei, mein Gott! ein Samariterherz, / Daß ich zugleich den Nächsten liebe / Und mich bei seinem Schmerz / Auch über ihn betrübe.«

Im Zentrum von Pasolinis Werk steht die Wut. Dort bleibt sie nicht. Sie wirkt zentrifugal, als Empathie, als Kompassion. Der Film *La rabbia*, so darf man sagen, getrost oder nicht, ist sein Versuch, aus dem Sündenfall der Wochenschau die Genesis einer Welt zu schaffen.

Am Anfang war das Licht. Wolkenbilder sehen wir. Eine Stimme spricht. Sie bleibt im Off. Der Autor als Schöpfer bildet sich nicht ab, aber er bildet die Welt im Maße, wie er spricht. Sein »Ich« steht ein als Autorität über die in der Montage zerschlagene, in der Montage neu erbaute Sicht der Welt. Seine Unzufriedenheit, sagt das Ich, begründe sich aus der Herrschaft, seine Reaktion darauf sei nicht chronologisch, nicht einmal logisch. Sie stamme aus einem poetischen Gefühl. Die Poesie wird mit der Kraft belehnt, die herrschende Logik zu zerschlagen, um derart aus der historischen Gegenwart in eine neue Vorgeschichte zu springen. Pasolini, der mit den Begriffen der Schrift seine Arbeit an diesem Film vorsorglich als eine journalistische ausgegeben hatte, setzt diese Behauptung vom Anfang seines Anfangs an außer Kraft.

Das Ich, das sich als Schöpfungsinstanz inthronisierte, war nicht das akustische Ich seines Autors. Anstelle von Pasolini, der in Schnitt und Text aufging, treten zwei Leihstimmen. Freunde springen für ihn ein. Es sprechen der Maler Renato Guttuso und der Romancier Giorgio Bassani. Die Berufssprecher der schlimmsten Synchronindustrie Europas werden hier nicht beschäftigt. Dieser Essay wirkt aus dem Zusammenhang von Komplizen und Eingeweihten, was stets dann zutage tritt, wenn die Montage Gemälde von Renato Guttuso zeigt, die nicht als solche zu betrachten sind, sondern wie Pasolinis Texte als vorgreifende Gedanken. Zu den Stimmen tritt ein elegischer Klangteppich, den das Adagio eines Barockkonzerts von Albinoni bildet. Diese Musik ist eine massive Demonstration der Trauer, wird sie doch immer dann eingesetzt, wenn die Bilder gequälte, beleidigte und massakrierte Körper, die Opfer von Befreiungskriegen von der Ersten bis zur Dritten Welt zeigen. Geschändete Kadaver im Ungarnaufstand, verstümmelte Leichen im Kongokrieg, erschossene Kämpfer der kubanischen Partisanen. Bei der Klage um Marilyn Monroes Tod erklingt Albinoni zum letzten Mal. Angeschnitten ist der Atombombenpilz, der sich im Hohlraum dieser Musik selbst zum Körper entfalten darf.

Freischärler in Budapest machen Menschenjagd auf Stalinisten. Die französische Bourgeoisie demonstriert für ein freies Ungarn um den Arc de Triomphe. Flüchtlinge brechen weinend an der österreichischen Grenze zusammen. Die Welt, die in der alten Wochenschau zu eins wurde, in der Ideologie der 50er Jahre Fotos zu einer »Family of Man« verschmolz, wird in *La rabbia* zerlegt und neu legiert. Den Opfern gewährt Pasolini seine Poesie, den Tätern seine Wut. Poesie und Wut werden zu einer Form, die beschwört, die anruft, die fleht: »Neri inverni / neri città«. Immer wieder setzt die Invokation ein, eine Form, die sich nicht zur Form schließen kann, weil man nicht über die einen Opfer klagen, über die anderen schweigen kann.

Kuba ist ein leuchtendes Beispiel in der Befreiungsbewegung der Dritten Welt gewesen. Jubelnde Massen, »El Máximo Líder«, Versammlungen der Freude, Sammlungen der Trauer. Die poetische Formel dieser Sequenz heißt, wiederholt: »Combattere a Cuba« oder »Morire a Cuba«. Kampf und Tod verbünden sich hier zu einem Grundgefühl: dem der Exaltation, der Überhöhung kraft Poesie. »Gioia dopo gioia, vittoria dopo vittoria (Freude über Freude, Sieg über Sieg)« – Pasolini spielt sich über Text und Montage nicht nur zum Zeitenraffer auf, sondern auch zum Zeitenlenker. Er zeigt, was die Wochenschau-Bilder nicht besitzen: die Vision von einer sinngerichteten und endlich sinnerfüllten Geschichte der Menschen. Das ist seine Utopie, »die Menschen aller Breiten, aller Glaubensrichtungen« auf der Plattform revolutionär erkämpfter Menschenrechte sichtbar werden zu lassen.

Die Rituale der Gesellschaft sind überlebt, anachronistisch bis zur Lächerlichkeit geworden. Den Anachronismus verdeutlicht die Montage anamorphotisch. Geschichte erscheint im Lachspiegel, durch Linsen verzerrt, wenn die italienischen Städte zur Erinnerung an die vier Seerepubliken Umzüge veranstalten. Wenn die kleine Königin Elizabeth II. vor zwei Millionen Untertanen zu ihrer Krönung schreitet, wenn Eisenhower als Präsidentschaftskandidat in den U.S.A. nominiert wird. Der Text befragt die Bilder. Was würde aus der Zukunft einer Arbeiterklasse, die für eine Teepause streikt? Die behauptet, daß die Stars der Populärkultur wie Gershwin oder Armstrong Karl Marx besiegt hätten? Pasolinis »Fall der Fünfziger Jahre« ist auch eine verhohlen poetische Abservierung des Stalinismus, als deren spätestes und frechstes Echo die Lakonik der Marguerite Duras in ihrem Film *Le Camion* erscheinen muß: »Vous savez«, sagt Duras zu Gérard Depardieu, der es natürlich nicht weiß: »Karl Marx, c'est fini.«[15]

Von der allgemeinen Apokalypse ausgenommen sind hier drei historische Figuren, die schon Mythen sind: Papst Johannes XXIII., Marilyn Monroe und der Kosmonaut Gagarin. Wird der neugewählte Papst auf dem Throne schwankend von den Gläubigen durch den Petersdom getragen, unterlegt der Film die gleiche ironisch tanzende Musik wie zum Krönungszug der englischen Königin. Der Kommentar greift in die Bilder ein. Die Musik betont den analogen Aspekt, die Politik als eine Form grotesker Schaustellung zu zeigen. Die Stimme von Guttuso oder

Bassani interpretiert das huldvolle Lächeln des Papstes, dem Pasolini seinen kommenden Film zum Matthäus-Evangelium widmen wird, als »misterioso sorriso di tartaruga« (geheimnisvolles Schildkrötenlächeln). Der Scherz vermenschlicht den Stellvertreter des Herrn auf Erden zu einer anzüglichen Kreatürlichkeit. Denn in Pasolinis Wunschkosmos ist diesem Papst bereits die reformerische Rolle zugedacht, »Hirte der Elenden« zu sein. Die geschundenen Körper der Opfer, die geblähten Körper der Macht, dazwischen gibt es nur Platz für Engel, als die Marilyn Monroe und Gagarin hier erscheinen. Beide werden als überirdische Erscheinungen beschworen, durch Poesie entwirklicht, um an Fliehkraft zu gewinnen, was sie an Schwerkraft hinter sich ließen.

Ist die Kunst der Revolution auch revolutionär? *La rabbia* befragt die überlieferten Bilder. Lenin in einer Filmrolle, die Primaballerina vom Bolschoi-Ballett, Gesänge der Roten Armee verbreiten einen unerschütterlichen Optimismus. In den Katen der alten Bauern, die einst Leibeigene waren, stehen Fernsehapparate, auf denen die befreiten Bauern ihren Befreier Lenin im Film sehen können. Wir folgen einer Führung durch eine Gemäldeausstellung aus der Epoche des Stalinismus. Jetzt bricht der Kommentar den Optimismus und verlangt vom Zuschauer, der ihm bisher mit Empathie gefolgt ist: »Wir sollten von vorn beginnen, von dort, wo es keine Gewißheit gibt.« Es ist, als habe die Stimme die Stimme des Kunstführers im Bild nachsynchronisiert. Diese Oberstimme schiebt sich zwischen die Bilder. Und wenn der entschiedene Wechsel in der Kulturpolitik gefordert wird, ist längst ein Bildwechsel auf der Leinwand eingetreten. Ein Gemälde zeigt landlose Bauern, die um die Landnahme kämpfen. Sowjetische Bauern sind es nicht. Es sind sizilianische Bauern, von Renato Guttuso gemalt. Er lieh dem Film Stimme und das Abbild eines Kunstprogramms. Zuvor schon war eine Tintenzeichnung von Guttuso im Film montiert, auf der sich Arbeiter in Wartestellung, womöglich einer Mittagspause befanden. Schnitt: Auftritt des Chefs der Turiner Fiat-Werke, Herr Agnelli, bereit zu Verhandlungen mit Gewerkschaftsvertretern. Diese Zeichnung löst in der wiederholten Wiedergabe das Ölbild der sizilianischen Landnahme ab. Der Kommentar bietet nun eine neue Lesart an, die Gedanken an eine Arbeitspause nicht mehr zuläßt. Jetzt heißt es: »Die Gestalten krümmen sich wie die Verbrannten von Buchenwald.« Die gemalten Figuren sitzen still: der sprachliche Eingriff verkrümmt sie zum Extrem, verleiht ihnen soviel Leben, daß sie darin verglühen.

La rabbia arbeitet mit Kollisionsmontagen. De Gaulles Bad in der Menge wird abgelöst vom Blutbad, das die französischen Truppen unter der Zivilbevölkerung in Algerien anrichten. Ein Kind weist Schußwunden auf, der Ton des MG-Feuers knattert über die Bilder der Pressekonferenz, die de Gaulle in Paris gibt. Auf die Panorama-Aufnahme der namenlosen Toten beim Befreiungskampf um die Stadt Oran folgt ein Mensch mit Brandwunden, mit Foltermalen. Die Stimme des Kommentators will dem geschundenen Körper Sinn einschreiben: »Auf dein Mal schreibe ich deinen Namen: – libertà!«

Im ersten Satz versprach der Autor, die Chronologie wie die Logik nicht zu befolgen. So wie er Zeiten raffte, kann er sie auch dehnen. Er ist allmächtig, besonders augenfällig beim Flug des Gagarin, in den Bilder von Feininger, von Picasso eingeschnitten werden. Die Bilder, die dem linearen Fortschrittsglauben als Belege des Machbaren galten, werden unter dem Blick, unter dem Wort Pasolinis umgemünzt: zu Belegen der Defizite, zur Klage der Utopie über die Kleingläubigkeit an Utopie. Mit unbeschriebenen Wolkenbildern begann *La rabbia*, mit Himmelsbildern aus dem All endet der Film, die Kosmogonie eines allmächtigen Autors. Seine Forderung: »Die Wege des Himmels müssen Wege der Brüderlichkeit und des Friedens sein«, hat an Sinn in den letzten dreißig Jahren nur dazugewonnen. Die Ironie dabei ist, daß sie, zu den vorgefundenen Bildern des sowjetischen Fernsehens gesprochen, aussieht, als flüstere Gagarin diese Forderung eines Radikaldemokraten dem Ersten Vorsitzenden der KPdSU ins Ohr.

Schon im Gedichtband »La religione del mio tempo«[16] (1958) findet sich ein abgründiges Epigramm, das Pasolini Chruschtschow widmete: »Chruschtschow, wenn du der Chruschtschow bist, der Chruschtschow nicht ist, / sondern, nunmehr, reines Ideal, lebende Hoffnung, / dann sei Chruschtschow: sei jenes Ideal und jene Hoffnung: / sei der Brutus, der nicht einen Körper tötet, sondern einen Geist.«[17]

Abgesehen von der Erwägung, welches Epigramm Pasolini dem heutigen Ersten Vorsitzenden geschrieben hätte, trifft die hier evozierte Reminiszenz auf die Lage des Film-Essays im allgemeinen zu. Denn dieser Wechselbalg führt den Dolch im Gewande, trägt sich mit der Absicht, den Tyrannenmord zu begehen: allerdings nur unter existenten Kategorien des Denkens, die im platonischen Bann die Idee immer für herrschaftswürdiger als das Bild hielten. Hier tritt Brutus auf den Plan, in Gestalt des Film-Essays, der ein »Anschauliches Denken« (Rudolf Arnheim) lehrt. Es bedarf allerdings einer verschärften Situation, um es zu erkennen. Das Drama »Brutus« von Voltaire lag sechzig Jahre in Vergessenheit. Aber 1789 stand es auf dem Spielplan.

---

1 *Pier Paolo Pasolini: Fragment an den Tod (Frammento alla morte, 1958).* In: Unter freiem Himmel. Ausgewählte Gedichte, Berlin: Wagenbach 1982, S.87.
2 *Ebd., S.86.*

3 Vgl. Pier Paolo Pasolini: Poesie incivili, in: Ders.: Le Poesie, Mailand: Garzanti 1975, S.293-319.
4 Ebd., S.306.
5 Vgl. ebd, S.308.
6 Pier Paolo Pasolini: La rabbia, in: FILMKRITIK, Heft 7-8, 28 Jg. (1984), S.187.
7 Oswald Stack: Pasolini on Pasolini. Interviews with Oswald Stack, London: Thames and Hudson 1969, S.70; deutsch: Jon Halliday: Pasolini über Pasolini, Übers. Wolfgang Astelbauer, Vorw. Nico Naldini, Wien/Bozen: Folio 1995, S.76.
8 Vgl. Sandro Petraglia: Pasolini, La Nuova Italia, Nr.7/8, Florenz 1974, S.56.
9 Adelio Ferrero: Il cinema di P. P. Pasolini, Venedig: Marsilo 1977, S.50.
10 Enzo Siciliano: Pasolini. Leben und Werk, Weinheim/Basel: Beltz & Gelberg 1980, S.344.
11 Wolfram Schütte: Kommentierte Filmographie. La rabbia, in: Ders. u. Peter W. Jansen (Hg.): Pier Paolo Pasolini, München: Hanser 1985, S.121, 124.
12 Thomas Medicus: Der Kosmonaut und der Filmstar, in: FILMKRITIK, Heft 7/8, 28. Jg.(1984), S.198.
13 Vgl. Pier Paolo Pasolini: Fragment an den Tod, a.a.O.
14 Vgl. Jean-Marie Straub u. Danièle Huillet: Ce qui nous a touchés, in: CAHIERS DU CINÉMA, Sonderheft: Pasolini Cinéaste, Paris 1981, S.76.
15 Marguerite Duras: Le camion, Frankreich 1977.
16 Pier Paolo Pasolini: La religione del mio tempo, Mailand: Garzanti 1961.
17 Pier Paolo Pasolini: An Chruschtschow, in: Ders.: Unter freiem Himmel, a.a.O., S.71.

Spiele vom Toten Mann

Pasolinis »Ragazzi di vita«
erstmals in deutscher Übersetzung [1]

»Warm und hell dämmert in Rom die Winternacht: / Knabe, komm! wandle mit mir, und Arm in Arm / Schmiege die bräunliche Wang' an deines / Busenfreunds blondes Haupt!«[2]. Mit dem Dichter August von Platen hatte der Idealismus seine Kunstfertigkeit in erotischer Form gefunden, und beides war gleichermaßen verpönt. Denn sowohl in der Fertigkeit wie in der Form steckten die Keime des Zerfalls von Kunst, die sich schon aufmachte, den Rohstoff des Begehrens ungeformt zu finden.

Rund 125 Jahre später fielen die römischen Knaben den romantischen Winken deutscher Herren nicht mehr so umstandslos anheim. Das Begehren hatte seinen Preis. Was bei Platen noch das aristokratische Wandeln war, wird bei Pasolini das proletarische Abschleppen. Der freie Müßiggang wurde zum kommerzialisierten Umgang. Auf dieser kurzen Strecke liegt die Gefühlsgeschichte des homosexuellen Verlangens, das nur stockend lernte, aus der Verschwiegenheit ins Sichtbare, aus der Selbstunterdrückung ins Licht der Autonomie zu treten, auch wenn dieses vorzugsweise eines der Dämmerung war, in der sich das Begehren zeigte.

»Riccetto der Lockenkopf sollte mit zur Ersten Heiligen Kommunion und zur Firmung gehen und war schon um fünf aufgestanden, doch als er in seiner langen grauen Hose und dem weißen Hemd die Via Donna Olimpia runterging, sah er nicht gerade wie ein Erstkommunikant oder ein Soldat Jesu aus, sondern eher wie eins von den Jüngelchen, die aufgedonnert am Lungotevere rumschlendern und aufs Abschleppen aus sind.«[3]

Die Haare, die Kleider, die Gesten werden in diesem Romananfang »Ragazzi di vita« als überdeutlich ausgestellt. Ein Junge namens Riccetto sieht nicht so aus, wie er für die vorgesehene Rolle aussehen sollte. Die Rolle, die er nicht erfüllt, ist aber so unbedeutsam wie die Rolle, die er nicht findet: einzig Negation und Übertreibung durch die Attribute, die der Autor ihm zuwies, weisen einen schmalen, unsicheren Weg, den der hier vorgestellte Junge gesellschaftlich betreten könnte. Erst aus der hartnäckigen Leugnung von Hoffnung erwächst hier ein letzter Rest von Trost, der aber nur zur verzweifelten Selbstbehauptung für das Hier und Heute langt.

Der inflationäre Gebrauch von vulgärer Rollenprosa führt zur völligen Entwertung des sinnlichen Gehalts von Sprache, der sich darin vital, männlich, aber letztlich doch immer ohnmächtig sein Triebziel verfehlend gebärdet. Die Rede der »ragazzi« ist eine ausgemachte, doch auch ausgedachte Schweinerei, die zwar zur ständigen Überbietung durch einen anderen Jungen auffordert, aber im Zwang zur Unflätigkeit in epischen Maßen nur traurige Schablonen hinterläßt. »›Leck mich doch‹, antwortete Alvaro, dessen knochiges Gesicht ganz verbeult aussah. Sein Kopf war so groß, daß ein Floh beim Versuch, einmal die Runde zu machen, an Altersschwäche gestorben wäre. Er versuchte etwas ganz Raffiniertes, indem er den Ball mit der Hacke schoß, aber das ging daneben, ...«[4]

Indem der Autor einen scharfen Blick auf die sprachliche Verhunzung und die körperliche Deformation wirft, nimmt er Abschied von der poetischen Verklärung junger Männer, die in seinem frühen, friaulischen Roman »Amado Mio«[5] allein deshalb als schön gelten durften, weil sie eben jung waren. Rom ist anders. Hier herrscht, entgegen aller Verheißung, ein gnadenloses Licht. Pasolinis

Gebrauch der absurden Hyperbel ist oft auch furchtbar komisch: Welcher Leser erwartete schon den Tod eines Flohs, der bloß auf die Hauptsache: die enorme Häßlichkeit eines Gesichts, verweisen soll! Dieser Roman gibt ein schmerzendes Tonbild der mentalen wie materiellen Verarmung derer, die aus ihrer Haut nicht können. Deshalb schmiegt sich Pasolinis Prosa dieser mimetisch an.

Das Buch war 1955 ein Skandal. Heute ist es ein Dokument der engagierten Literatur, als deren Vertreter der Autor in Italien einzigartig dastand. Die visuelle Schreibweise griff Pasolini als Regisseur des Debütfilms *Accattone* auf, so ist es naheliegend, daß der deutsche Verlag, der mit diesem Roman eine neue Reihe der »Quartbücher« eröffnet, ihn mit Fotos aus jenem Film ausstattet. Das Schlußkapitel »Der Knochenmann« (»La Commare Secca«) verhalf dem Regieassistenten von *Accattone* – Bernardo Bertolucci – zum Stoff für den eigenen Debütfilm. Auch der Großbürger als Edelmann, Luchino Visconti, dachte damals an die Verfilmung einer Episode des anstößigen Romans, schrieb dann aber seiner Drehbuchautorin, der Stoff müsse »tunlichst gereinigt werden.«

Als Pier Paolo Pasolini sein Romandebüt »Ragazzi di vita« vorlegte, war er nur wenigen Eingeweihten bekannt. Seine Dialektdichtung aus dem Norden Italiens, der Provinz Friaul, hatte in den vierziger Jahren Aufsehen erregt. Zu Recht wurde die spröde, entrückte Form der Gedichte und die Wahl einer eigenständigen Regionalsprache als eine Form des Widerstands begriffen: gegen den Zug zur Vereinheitlichung aller möglichen Sprachen durch eine Hochsprache. Pasolini war Lehrer, ethnologischer Sammler an den Randzonen Italiens, ehe er aus der Peripherie ins Zentrum des Landes aufbrach, um sich zunächst als ärmlich entlohnter Pädagoge in einer Mittelschule sein Brot zu verdienen.

Die täglichen Fahrten mit der Straßenbahn, das Durchqueren der Stadt, die nach dem Krieg im Wiederaufbau von Mietskasernen die sozialen Trennungen nur verschärfte, wurden zum Erfahrungsmedium, zur Sonde, die Pasolini dazu nutzte, offene Augen und Ohren zum Erfassen gesprochener Sprache zu üben.

Üblich war das nicht. Höchstens in einigen Ausnahmefilmen des Neorealismus, der seinen kritischen Höhepunkt schon überschritten hatte, war der Jargon, die Gassensprache, das Spezialidiom der römischen Vorstadt zu hören. Fellini engagierte Pasolini, den unbekannten kleinen Literaten, um Dialoge zum Film *Le notti di Cabiria (Die Nächte der Cabiria)* fachgerecht aufzupolieren. Als leibhaften Sprachführer für seine Streifzüge durch die halbkriminelle, sozial im Chaos belassene Welt der trostlosen Neubauten am nordöstlichen Stadtrand von Rom diente dem künftigen Romancier ein Halbwüchsiger, den er am Tiber aufgelesen hatte: Franco Citti[6] hieß er, wurde später zum Hauptdarsteller in Pasolinis Debütfilm *Accattone*, dieser Passionsgeschichte aus einer Schicht, die Pasolini, nach Marx und Engels, »das Subproletariat« nannte, die Ärmsten der Armen, verroht, verelendet. Aus dem jungen Citti wurde ein Filmregisseur in der Schule Pasolinis, der noch den deutschen Übersetzer jetzt, 35 Jahre nach Erscheinen der Originalausgabe des Romans »Ragazzi di vita«, an heiklen Stellen in schwierigen Fragen beraten konnte.

Der Titel des Romans, der so lange als unübersetzbare Legende kursierte, blieb im Original bestehen wie die Fortsetzung dieses Romans, die in den 60er Jahren auf deutsch unter Pasolinis Titel »Vita Violenta«[7] erschien: ein »Leben in Gewalt«. Darin ist der gesellschaftliche Rahmen umspannt, der zu Pasolinis Thema werden sollte: eine Jugend am Rande, die zu früh erwachsen werden muß, die ihr Glück einzig in Verhältnissen der explosiven Gewalt erfährt. Das Vorhaben war ungeheuerlich. Niemand hatte zuvor die Darstellung einer öffentlich zwar sichtbaren, ästhetisch aber nie erfahrenen Welt für literaturfähig gehalten. Pasolini sprang gleichsam mit Mikrophon und Kamera in diese Abseiten Roms hinein und wurde doch nicht bloß dokumentarisch.

Die »ragazzi di vita« sind nicht das, was ein Literaturlexikon etwas blaß mit »vitale Jungs« übersetzte. Sie sind auf der Schwelle von Jugendlichen zu erwachsenen Männern. Der Familienzusammenhang ist schwach. Wenn Väter da sind – es ist die Generation der beschädigten Soldatenväter –, dann ist ihre Rolle nicht spürbar. Ungeschult und arbeitslos werden die Jugendlichen sich selbst überlassen. Die Straße, der Fluß, der Park, die Großstadt und die Kleinbahn sind ihr Erziehungsfeld, das sie lachend betreten, um Beute zu machen. Hier ein harmloser Mundraub, dort ein Taschendiebstahl, hier eine Schlägerei, dort der Überfall auf einen älteren Homosexuellen. Diese »ragazzi« treten als Rudel auf. Das legt den Vergleich zur Organisation im Tierreich nahe, Wölfe tun sich so zusammen, um ihre Angriffe zu stärken. Die Soziologen nennen es abstrakt: »peergroup«, das heißt eine in sich homogene Gruppe Halbwüchsiger, die sozial gerichtete Interessen verfolgt.

Pasolinis Buch ist zutiefst pessimistisch. Diese Vagabunden, Herumtreiber sind nicht zu »retten«, weder von der Kirche noch von irgendeiner politischen Partei. Im Folgeroman »Vita Violenta« wird es allerdings den Versuch geben, aus einem solchen ungezähmten »ragazzo di vita« einen zur Solidarität befähigten Menschen zu formen… In diesem Panorama von Querschnitten, mimetischen Studien zur Sprache und Bewegungsform von jungen, sozial unfertigen Menschen versenkt sich der Autor Pasolini in die den Jungen eigene Welt. Im Gegensatz zu den in den 50er Jahren aus Hollywood importierten

Halbstarkenfilmen (*Rebel Without a Cause / Denn sie wissen nicht, was sie tun* oder *The Blackboard Jungle / Die Saat der Gewalt*) zieht dieser italienische Roman keine moralischen Schlüsse zur Verbesserung, zur Anpassung oder Rehabilitierung der von der Gesellschaft unchristlich Vergessenen. Die beschriebene Jugend ist eine Klasse für sich, die durch diese provokante Beschreibung zum ersten Mal auf die Landkarte Europas gerät. Sie träumt den kürzesten Weg zum materiellen Glück: das Gangstertum. Ständig eskalieren die Brutalitäten vom Kinderspiel zur sadistischen Strafe, vom Schwimmerspiel Toter Mann zum Raubmord.

Geschichtlich ist in dem Roman »Ragazzi di vita« die unmittelbare Nachkriegszeit von den abziehenden deutschen Besatzungssoldaten bis hin zum Koreakrieg beschrieben. Die Jugendlichen werden erwachsen und treiben dann erst recht in die Haltlosigkeit, weil kein System, weder die Sozialversicherung noch politische Solidargemeinschaft, sie auffinge. Pasolini benutzt auffällig oft die Metapher vom verachteten Tier, wenn er diese traurigen Herumtreiber beschreibt: Der Körper eines jungen Mannes im gesellschaftlichen Vakuum, schreibt der Autor, sah aus »...wie der von 'nem Schwein am Fleischerhaken vor einem Metzgerladen. Auch seine Augen waren so klein und trüb geworden wie die von aufgehängten Schweinen ...«[8] Die Bewegung ist literarisch eine doppelte. Sie zielt in die soziale Erniedrigung, läßt aber auch eine spirituelle Erhöhung zu: »Ragazzi di vita« ist wie der spätere Film *Accattone* eine proletarische Passionsgeschichte.

Der Übersetzer dieses Buches, Moshe Kahn, der schon für Luigi Malerbas raffiniertes Pseudobarock eine fantastische Entsprechung fand, hat Unglaubliches geleistet: nämlich den römischen Jargon nicht einem deutschen Dialekt angeglichen, sondern im Tonfall der 50er Jahre, die bei uns ja streng und prüde waren, einen Schmutz- und Schimpfjargon erfunden, der sich gewaschen hat. Die romanische Welt der Maulhurerei ist großartig erfaßt und unbefangen nachgebildet.

Was Kahn besonders gelingt, ist der phonetisch nachbildende Gestus. Diese Sprache hat einen Klangkörper, in dem alle anderen Bewegungen nachvibrieren. Keinen Moment lang wird außer acht gelassen, daß auch der Jargon historisierend verfahren muß, will er keine billige Einbeutung. So wählt der Übersetzer Ausdrücke, die aus der Mode kamen, hier aber im Konzert der vom Männerwahn krächzenden Stimmen nicht fehlen dürfen. »Minna« ist eben keine Dienstmagd, sondern das Polizeiauto der 50er Jahre, heute als »Wanne« geläufig. Tempo ist »Affenzahn«, Halbstarke sind »Rowdys«, Nebensachen sind »Kinkerlitzchen«, und Knaben sind, in passend niedlicher Erotisierung: »Piepmätze«.

Freilich ist der gemeine Alltagsrassismus dieser vielstimmigen Rollenprosa auch manches Mal ins Vulgäre übertrieben worden. Da läßt der Übersetzer sich von seiner virtuosen Einfühlungsgabe hinreißen. Die polnischen Soldaten, die am Monte Cassino neben den alliierten Soldaten den Faschismus bekämpften, waren im Original bloß »Polen«, in der Übersetzung gleich »Polacken«. Zur Not rechtfertigt der Kontext diese Übertreibung. Was an der italienischen Weise des Schimpfens genital bestimmt ist, wird im Deutschen oft mit analfixierten Wendungen erfaßt. Kahn dramatisiert unnötig, wenn er für jeden Gebrauch der vollständig vernutzten Formel »Me ne frego«, etwa: »Das ist mir scheißegal«, den ursprünglichen Sinn: »Dafür wichs' ich mir kein' ab!« einsetzt. Das nenne ich eine schamlose Vergeudung, die andererseits auch wieder unnachahmliche Funde zutage fördert, wie etwa den innig antireligiösen Stoß-Seufzer: »L' Animaccia«, dem die herzlos neudeutsche Verachtung als »Seelenwichser« widerfährt. Jeder Fall ist hier ein Grenzfall. Der Übersetzer hat in jedem Fall eine preiswürdige Arbeit geleistet.

1 *Pier Paolo Pasolini: Ragazzi di vita, Berlin: Wagenbach 1990.*
2 *August von Platen: Werke Bd.1, Lyrik, München: Winkler 1982, S.459.*
3 *Pier Paolo Pasolini: Ragazzi di vita, a.a.O., S.9.*
4 *Ebd., S.14.*
5 *Pier Paolo Pasolini: Amado mio. Zwei Romane über die Freundschaft, Berlin: Wagenbach 1984, sowie: München: Piper 1992.*
6 *Der Sprachführer durch Roms Vorstädte war Sergio Citti. Vgl. dazu: Nico Naldini: Pier Paolo Pasolini. Eine Biographie, Berlin: Wagenbach 1991, S.129.*
7 *Pier Paolo Pasolini: Vita Violenta, München: Piper 1963.*
8 *Pier Paolo Pasolini: Ragazzi di vita, a.a.O., S.86.*

Nico Naldini
Schriftsteller, Biograph, Herausgeber

»An einem Märznachmittag, während meine Cousins Pier Paolo und Guidalberto im Hof mit meinen Schwestern spielten, wurde ich im Haus der Familie in Casarsa geboren. Es war das Jahr der ›großen Kälte‹, in dem es reichlich schneite, und die Kinder hatten einen großen Schneemann mit Kohleaugen gebaut. Meine Cousins habe ich bis zum tragischen Ende ihrer beiden Leben nicht mehr aus den Augen verloren. Doch der wirkliche Schmerz nach ihrem zu frühen Verlust besteht darin, sich nun an sie mit allen Attributen ihrer glücklichen Jugend erinnern zu müssen.«[1] Das Jahr der großen Kälte war das Jahr 1929. Im Norden des Landes, der Provinz Friaul, liegt Casarsa. Im Hause der Familie Colussi wurde 1922, als Mussolini auf Rom marschierte, Pier Paolo Pasolini geboren. Seine Mutter, Susanna Colussi, ist eine Schwester der Mutter des Nico Naldini. »Ich war der Jüngste im Haus, und wenn die Schüchternheit mich in einem stillen Winkel verharren ließ, so war dies stets ein ausgezeichneter Beobachtungsposten.«[2] Der Cousin studiert Literatur in Trieste und Padova und wird Schriftsteller. Er schreibt, um »sich erinnern zu müssen«. Bevor er der Biograph und Herausgeber der Briefe des Pier Paolo Pasolini wird, begleitet Naldini dessen Jugend: als Spielgefährte, Vertrauter, ja auch als Komplize jener später dann weniger unschuldigen Spiele, die Pasolini in Rom zur verlorenen Idylle des bäuerlichen Universums verklären sollte.

Die bloße Familiarität wandelt sich zur literarischen Freundschaft: Naldini entdeckt den Autoren Umberto Saba; Pasolini: Ungaretti und Sandro Penna. Angeregt durch eine slowenische Geigerin, die im Krieg sich nach

Casarsa flüchtete, lesen die Jungen Freuds Essays zur Sexualität und erfahren, theoretisch, daß ihre Sexualität eine andere ist. In einem Studienband zu Pasolini wird Naldini das Résumé seiner schmerzenden Erkenntnis ziehen: »Pasolini akzeptierte seine Homosexualität nicht als individuelle Gegebenheit. Tatsächlich akzeptierte er sie nicht einmal als Gegebenheit.«

Als Pasolini nach Denunzierung durch die Kirche und die Kommunisten Anfang der 50er Jahre Friaul verließ, um sich in Rom einzurichten, riß die Verbindung zu Naldini nicht ab. 1953 gelingt der Absprung aus der Schule, Naldini vertritt ihn als Lehrer, bevor Pasolini erste Hilfsarbeiten beim Verbessern von Drehbüchern in der Filmindustrie übernehmen kann.

Wie der Pasolini-Biograph Enzo Siciliano[3] schrieb, hatte Naldini inzwischen im Mailänder Verlagswesen gearbeitet und auch in Rom, wo er sich in der Firma des Filmproduzenten Grimaldi um die Öffentlichkeit für Pasolinis Filme kümmerte. Ihm gelang auch der Coup, Pasolini zur prestigereichen Zeitung CORRIERE DELLA SERA zu bringen. »Pier Paolo hatte den Wunsch, sein Image zu wechseln. Er wollte nicht zum Kino verdammt sein. Auch darüber wußte Naldini Bescheid.«[4] Aus den Zeitungsartikeln wurde das aufsehenerregende Buch des politischen Eingreifens: »Scritti corsari«, »Freibeuterschriften«[5].

Mitte der 70er Jahre produzierte Grimaldi parallel zwei bedeutende Filme: Bernardo Bertolucci drehte *Novecento*, Pasolini *Salò o Le centoventi giornate di Sodoma*.[6] Die Regisseure, einander professionell (Bertolucci war Pasolinis Regieassistent bei dessen Debütfilm *Accattone*) wie familiär verbunden (Bertoluccis Vater Attilio, der bekannte Dichter, war ein Freund und Förderer der Dichtung Pasolinis), waren zerstritten. Die Meister-Schüler-Beziehung war brüchig. Jetzt drehten sie für den gleichen

Produzenten Filme, nur wenige Kilometer voneinander entfernt, bei Parma. Nico Naldini »frequentierte durch seine Pressearbeit beide sets. Die Schauspieler und Techniker forderten sich zu einem Fußballspiel heraus. Pier Paolo spielte selbst mit. Die Fans riefen die Slogans ›Nove-cen-to‹ oder eben ›Cen-to-ven-ti‹. Am Ende schlossen sich die Freunde wieder in die Arme.«[7]

Naldini, der heute als freier Autor in Treviso lebt, wirkte 1984 in einem Dokumentarfilm des italienischen Fernsehens[8] mit, den Ivo Barnabo Micheli sorgsam und sorgfältig realisierte. 1987 erschien die Übersetzung seiner Vorstudie zur großen Biographie: »In den Feldern Friauls. Die Jugend Pasolinis«[9].

Es wäre ungerecht, diesen Autor allein in der Fron der Familienchronik zu lesen. Nicht nur liegen die eigenen Gedichte, die Naldini zwischen 1943 und 1987 verfaßte, nun gesammelt im Band »La curva di San Floreano«[10] vor. Viele Jahre verwandte er auf Studien zum Werk des norditalienischen Schriftstellers Giovanni Comisso, dessen Biographie er 1985, dessen Korrespondenz er 1989 vorlegte. Die literarische Rolle Comissos ist in Deutschland höchst unzulänglich bekannt, zumal nur die Erzählung: »Gioco d'infanzia« aus den 30er Jahren, von Umberto Saba entdeckt, übersetzt vorliegt.[11]

Schließlich ist die kleine Schrift zu nennen, die Naldini dem Schriftsteller Goffredo Parise widmete: »Il solo fratello. Ritratto di Goffredo Parise«[12]. Parises Romanwerk erscheint jetzt erst in angemessener Übersetzung auf Deutsch.[13]

Der Titel zu Parise ist nicht zufällig gewählt. Er spiegelt Naldinis Haltung zur Welt, zur Literatur. Die Wahlverwandtschaft wird vorausgesetzt, wo keine Familiarität gegeben ist. Die Brüderlichkeit wird angenommen, wo keine Solidarität erzwungen wird. Naldini ist in seinen Schriften auch Chronist seiner Freundschaften, stets auf der Suche nach der verlorenen Kindheit: Im Vorwort zur deutschen Ausgabe der Briefe Pasolinis, dem das Eingangszitat vom Erinnern-Müssen entnommen war, schrieb er: »Als Pasolini die ersten der in diesem Band enthaltenen Briefe schrieb, war ich elf Jahre alt, und so als hätte das Schicksal seinen Plan schon vorgezeichnet, beobachtete ich ihn voller Entzücken stundenlang, während er schrieb oder malte. Später würden wir dann zum Baden an den Tagliamento gehen. Die fünf Kilometer bis zu den duftenden Flußniederungen und dem glühenden Kiesbett legten wir mit dem Fahrrad zurück. Es roch dort nach dem Harz der Büsche, nach den Akazienblüten, nach dem Wasser und dem Wind, die noch die Frische der nahen Berge bewahrten. Warum es diese Gerüche heute nicht mehr gibt, weiß ich nicht, und warum das Flußbett ausgetrocknet ist und sich in ein gleichförmiges, ödes Land ohne Wasser verwandelt hat, auch nicht.«[14]

Als Leser der »Freibeuterschriften« kennen wir einen Grund der ökologischen Katastrophe, die Metapher vom Verschwinden der Glühwürmchen![15]

1 *Pier Paolo Pasolini: Ich bin eine Kraft des Vergangenen. Briefe 1940-1975, Hg. Nico Naldini, Berlin: Wagenbach 1991, S.11.*
2 *Ebd.*
3 *Vgl. Nico Naldini: »Un fatto privato«. Appunti di una conversazione, in: Stefano Casi (Hg.): Desiderio di Pasolini. Omosessualitá, arte e impegno intellettuale, Turin: Ed. Sonda 1990, S.13 (Übers. KWi).*
4 *Enzo Siciliano: Vita di Pasolini, Mailand: Rizzoli 1978.*
5 *Enzo Siciliano: Pasolini. Leben und Werk, Weinheim/Basel: Beltz & Gelberg 1980, S.465.*
6 *Pier Paolo Pasolini: Scritti corsari, Mailand: Garzanti 1975; deutsch: Ders.: Freibeuterschriften. Die Zerstörung der Kultur des Einzelnen durch die Konsumgesellschaft, Berlin: Wagenbach 1978.*
7 *Bernardo Bertoluccis Film hat den deutschen Verleihtitel: 1900, Pasolinis Film:* Salò oder die 120 Tage von Sodom.
8 *Enzo Siciliano: Pasolini. Leben und Werk, a.a.O., S.491, sowie eine mündliche Mitteilung Bernardo Bertoluccis an KWi.*

8 *Ivo Barnabo Micheli: P.P.P. – Annäherung an einen Freibeuter, in Koproduktion mit dem WDR, Köln 1984.*
9 *Nico Naldini: In den Feldern Friauls. Die Jugend Pasolinis, Stuttgart: ComMedia und Arte 1987.*
10 *Nico Naldini: La curva di San Floreano, Turin: Einaudi 1988.*
11 *Giovanni Comisso: Kinderspiele, Stuttgart: ComMedia und Arte 1988.*
12 *Das Buch erschien in Mailand: Garzanti 1989.*
13 *Vgl.: Goffredo Parise: Fibel der Gefühle. Sillabario Nr. 1 und Sillabario Nr. 2, Übers. Dirk J. Blask, Lübbe: Bergisch Gladbach 1988; sowie Goffredo Parise: Der Padrone, Übers. Astrid Claes, Frankfurt/M.: Luchterhand 1990; sowie Goffredo Parise: Fibel der Gefühle. Geschichten von der Kürze und Süße des Lebens, Übers. Dirk J. Blask, Hamburg: Luchterhand 1991.*
14 *Pier Paolo Pasolini: Ich bin eine Kraft des Vergangenen…, a.a.O., S.11f.*
15 *Pier Paolo Pasolini: Von den Glühwürmchen, in: Ders.: Freibeuterschriften, a.a.O., S.67-73.*

Den Schriftkörper lesen

Pier Paolo Pasolini:
seine Briefe und eine neue Biographie [1]

Als Alfred Andersch einen Winter in Rom verbrachte, wohnte er einer Lesung Pasolinis bei, der gerade einmal wieder einen Prozeß am Hals hatte wegen vorgeblicher Gotteslästerung in seinem Film *La ricotta* (1963). Der deutsche Schriftsteller gehörte zu den wenigen Verteidigern. »... eine geballte Faust aus Bildern«[2] nannte er den anstößigen Film, und sein Schöpfer sei »ein scharfer böser Junge mit einem kleinen braunen Gesicht hinter einer schwarzen Hornbrille, ein junger Uhu, ein nächtlicher Raubvogel, in allen Künsten des Erschreckens geübt«[3]. Nicht um die Wiederkehr eines gefallenen Engels geht es hier, sondern um einen Künstler, der hochtrainiert, breit diversifiziert arbeitete. In allen Künsten, selbst der Kunst des Lebens, zu Hause. Die Briefe, die Biographie zeigen, wie.

Mit fortschreitender Kenntnis der übersetzten Werke wich der alte Schrecken, der nicht zum Innewerden der Sprengkraft, sondern zur Abschreckung von Erkenntnis diente. Ist Pasolini, der von sich ohne Melancholie-Rabatt behauptete, er sei eine Kraft des Vergangenen[4], noch eine Kraft, die im Gegenwärtigen wirkt? Welches Bild macht man sich heute, rund fünfzehn Jahre nach seinem gewaltsamen Tod am Strand von Ostia, von einem, der nicht müde wurde, sich in jedes Medium der Öffentlichkeit einzumischen? Kongresse in New York und Paris, Lesungen in Berlin und Hamburg bekunden ein verstärktes, auch nachgewachsenes Interesse am Schriftsteller, wie er nun, aller Spektakularität entkleidet, sichtbar wird. In Rom dagegen gilt er als toter Hund. Seine Stücke werden nicht gespielt, die Filme sind nicht mehr zu sehen. Öffentlich ist von ihm keine Rede. Jenes »Überbleibsel aus den 50er Jahren«[5] sind wir los, wie Eduardo Sanguineti es damals sah.

Los sind wir die extremen Stellungnahmen zu einem märtyrisierten und dämonisierten Leben. In dieser Distanz kann man dem Werk, das bleibt, nähertreten, ohne es weiterhin mit dem Urheber zu verwechseln. Erst wo seine Körperschrift verblaßt, wird sein Schriftkörper allmählich sicht- und lesbar. Hervorragend dazu beigetragen hat die Übersetzerin Maja Pflug, die bei Wagenbach schon Pasolinis Prosa »Barbarische Erinnerungen« und den glücklich gelungenen Roman aus der Jugend in Friaul »Amado Mio« übertrug.[6] Von ihr stammen auch die zu rühmenden Eindeutschungen der Briefe sowie der jüngsten Biographie des Dichters der Vielgesichtigkeit.

Die Ausgaben sind mit Sorgfalt ediert. Ohne Angabe auf eigene Recherchen wurden die Anmerkungen des Herausgebers ergänzt, zum Beispiel deutsche Verleihtitel französischer Filme, die in den Briefen selbstverständlich ohne Nennung des Regisseurs italienisch zitiert werden. Das ist mühsam, doch für Leser lohnend. Auch die Ausstattung der Bücher ist bemerkenswert, handlich, dennoch schön robust. Die Biographie ist verschwenderisch illustriert. So kann man neben den Buchstabentext einen Bildertext stellen, der aufs Stichwort zeigt, wovon die Rede ist. Im Original ist davon keine Spur; die Dokumente wurden eigens von der Pasolini-Stiftung aus Rom besorgt.

Ursprünglich war die vorgelegte Biographie nur eine umfangreiche chronologische Einleitung zur Ausgabe der Briefe. Es war klug, die Textsorten zu trennen und aus der Biographie ein preiswertes Buch (Pasolini für Anfänger), aus den Briefen (Pasolini für Kenner) ein gebundenes Buch zu machen. Um einem irrtümlichen Eindruck vorzubeugen: Was Nico Naldini als »Pasolini, una vita«[7] vorlegte, ist eine um Zitate angereicherte, erweiterte Fassung seiner Chronologie, die der deutschen Übersetzung nicht zugrunde lag. Freilich sollten die Leser auch wissen, daß die Briefausgabe gegenüber dem Original stark gekürzt wurde. Dennoch, nach ausgiebigem Vergleich läßt sich guten Gewissens sagen: es kam eine literarisch wie persönlich überzeugend balancierte Auswahl zustande, die von der Übersetzerin mitverantwortet wird.

Sind Briefe Literatur? Pasolini, der zeit seines Lebens fast alles Geschriebene veröffentlichen konnte (bis auf den großen Roman »Vas«[8], der in Kürze aus dem Nachlaß in Rom erscheint), hielt kaum einen Text zurück. Viele seiner eingreifenden Essays könnte man als offene Briefe auffassen. Hier kommen private Briefe als Diarium der künstlerischen Produktion. Zeugnisse der Freundschaft, Abrechnungen mit Gegnern, Bilanzen der Verzweiflung an sich selbst. Pasolinis Briefe haben keine Kunstform, aber alles, was seine Kunst ausmachte, vibriert in ihnen nach.

Erstaunlicherweise sind seine Zeugnisse weniger dramatisch, als man annehmen möchte. Es ist, als ginge der Autor mit sich selber wie mit einem fremden Buch um, sachlich, lakonisch und auch ein wenig taktisch. Denn es geht auch immer um Kultur und die Politik, sie durchzusetzen. Im stetigen Umbruch, von sich eine Meinung zu entwerfen, ehe die Öffentlichkeit diese teilt, war das gleichsam auto-erotische Verlangen, das dem Briefsteller die Feder führte.

»Hast du irgendwelche schönen Neuigkeiten?« fragt er 1948 eine Jugendfreundin aus Venedig, um fortzufahren: »Mein Leben ist eine Dancing-Terrasse, wo die Tänzer, wenn sie sie verlassen, um aufs WC zu gehen, nicht zurückkommen, weil sie in einem schwarzen Ammoniak ertrunken sind. Viele Grüße. Bis bald Pier Paolo«.[9] Das sind weniger schöne Neuigkeiten, intim, fast peinlich, einer platonischen Freundin anvertraut, die dem verschwiegenen Wunsch des Schreibenden nach emotionaler Anbindung auf schmerzliche Weise nicht entsprechen konnte. Das Leben als Tanzfläche, ein Schauender, der nicht mittanzt und sein Begehren verwaist sieht, und ein Kommentator, der dem eigenen Nicht-Treiben zusieht mit melancholischem Witz, da ist er der Kobold, in allen Künsten des Erschreckens geübt, sogar in der schwierigsten: der Selbstironie.

Einige Jahre später ist der Autor mit seinen Romanen aus der römischen Vorstadt beschäftigt, kann aber davon allein nicht leben. Über Drehbucharbeiten mit Luis Trenker, ein Zubrot in den Bergen, und das Bedauern, den römischen Sommer verlassen zu müssen, schrieb Pasolini im Ton der Sehnsucht, die seine produktive Begeisterung ausmachte, seinem amerikanischen Übersetzer: »Die Jungen sind noch schöner: und es sind Tausende, von der Sonne aus ihren Löchern gelockt. Sie fallen wie Heuschreckenschwärme am Tiber und in Ostia ein, und nachts an der Tiberpromenade. Dieses Jahr sind sie alle amerikanisch gekleidet: mit Cowboyhosen und *atomic blue* Trikothemden ...«[10]. Die Stelle beschreibt eine Szene, aus der die Vision zu den archetypischen Drehbüchern entstand. Pasolinis Briefe sind weitaus mehr als ein Protokoll seiner Eskapaden. Sie umspannen seine Haltung zur Welt, das Thema der Freundschaft und Komplizenschaft bei der Verbreitung seiner Werke. Verehrte Poeten wie Sandro Penna werden da bedacht, Regisseuren wie Jean-Luc Godard und Jacques Tati gelten Zeilen begründeter Verehrung. »Lieber Godard«, heißt es aus Rom im Oktober 1967, »(Ihr Film, KWi) *La Chinoise* ist wundervoll, das Werk eines Heiligen, der zwar vielleicht einer diskutablen und perversen Religion angehört, aber jedenfalls einer Religion.«[11] Überschwang und Selbstbegeisterung im »jedenfalls« verweisen auf den Gestus der Überbietung.

Godard ist kein Heiliger, Pasolini war kein Berufshäretiker. Entscheidend ist der Zwang zur Selbsterhebung, die potentielle Verbündete mit einschließt. Denn mit seinem Begriff von Religion meinte Pasolini den paganen Geist radikaler Verweltlichung, der Elemente des verschütteten Urchristentums für die heutige Gesellschaft herausfilterte. Mit der Gesellschaft war das nicht zu machen. Angestrebt im vorgesellschaftlichen Sinne war eine ideale Brüderschaft. Was dieser Autor mit Ausdauer und Wut, ja mit Hingabe suchte, war, sich zu verausgaben in dem, was ohne Vorbehalt ein Kommunismus der Körper zu nennen wäre. Der Preis dafür: das Leben.

Nico Naldini, der Autor der Pasolini-Biographie, stammt aus dem Friaul. Seine Mutter war eine Schwester der Mutter Pasolinis. Der Cousin studierte Literatur und wurde auch Schriftsteller, der den berühmten Vetter begleitete, als Spielgefährte, als Vertrauter, als Freund, später als Presse-Attaché seiner Filme. Naldini vermittelte Pasolini zum CORRIERE DELLA SERA. Aus Leitartikeln wurde das Skandalon »Freibeuterschriften«. Dieser Biograph ist von Zuneigung und Zurückhaltung geprägt. Er berichtet, beleuchtet und stellt die Dinge klar, die im Nebel der Spekulation ein phantastisches Eigenleben entwickelten.

Den Ablauf jenes schwer zu fassenden, in seiner Schreibdisziplin aber auch unauffällig geführten Lebens behutsam darzustellen liegt Naldini näher, als einen Sinnzusammenhang außerhalb des Werkes anzunehmen. Der politische Entwurf ist seine Sache nicht. Eher die Chronik der Freundschaften, die er nach verlorener Kindheit in Familiarität, nicht in Solidarität sucht. Andere Biographen wie Enzo Siciliano (1978)[12] literarisierten das fremde Leben. Umfaßte der Tod des Dichters bei Siciliano ein umfangreiches Kapitel, mißt ihm Naldini einen lakonischen Absatz zu. Umstandslos, auch ein bißchen läppisch endet das Buch mit Hinweisen auf spanische, schwedische und tschechische Übersetzungen der Pasolini-Werke. Das ist solide, kaum blendend, knapp würdigend. Nicht jeder will im Haus des fremden Lebens selber wohnen. Für eine Spanne ist man bei Naldinis Gastfreundschaft gut aufgehoben.

1 *Pier Paolo Pasolini: »Ich bin eine Kraft des Vergangenen...«. Briefe 1940-1975, Hg. Nico Naldini, Übers. Maja Pflug, Berlin: Wagenbach 1991.*
  Nico Naldini: Pier Paolo Pasolini. Eine Biographie, Berlin: Wagenbach 1991.
2 *Alfred Andersch: Aus einem römischen Winter. Reisebilder, Olten / Freiburg i.Br.: Walter 1966, S.38f.*
3 *Ebd., S.38.*
4 *Vgl. Pier Paolo Pasolini: Mondäne Gedichte. 12 giugno 1962, in: Ders.: Unter freiem Himmel. Ausgewählte Gedichte, Berlin: Wagenbach 1982, S.112f.*
5 *Vgl.: Pasolini – Genosse Nichtgenosse, in:* ALTERNATIVE *125/126, Hg. Hildegard Brenner, 22.Jg., 1979, und vgl. Guy Scarpetta: Pasolini ohne Legende, in:* DÜSSELDORFER DEBATTE. ZEITSCHRIFT FÜR POLITIK, KUNST, WISSENSCHAFT, *11/1986, S.67.*
6 *Pier Paolo Pasolini: Barbarische Erinnerungen. La Divina Mimesis, Übers. Maja Pflug, Berlin: Wagenbach 1983.*
  Pier Paolo Pasolini: Amado mio. Zwei Romane über die Freundschaft, Berlin: Wagenbach 1984.
7 *Nico Naldini: Pasolini. Una vita, Turin: Einaudi 1989.*
8 *Dieser Roman wurde unter dem Titel »Petrolio« veröffentlicht. Pier Paolo Pasolini: Petrolio, Turin: Einaudi 1992; deutsch: Petrolio, Übers. Moshe Kahn, Berlin: Wagenbach 1994.*
9 *Brief an Giovanna Bemporad – Venedig (1948), in: Pier Paolo Pasolini: »Ich bin eine Kraft des Vergangenen...«, a.a.O., S.86.*
10 *Brief an William Weaver – Fort Royal (USA), (Rom, Juli 1955), in: Ebd., S.167; (Herv. KWi).*
11 *Brief an Jean-Luc Godard – Paris (Rom, Oktober 1967), in: Ebd., S.272.*
12 *Enzo Siciliano: Vita di Pasolini, Mailand: Rizzoli 1978; deutsch: Ders.: Pasolini. Leben und Werk, Weinheim/Basel: Beltz & Gelberg 1980.*

Pier Paolo Pasolini:
»Das Herz der Vernunft« [1]

Einer, der jetzt in den deutschen Medien sich mit aller Kraft der Unvernunft hineinwirft wie Wolf Biermann anläßlich der Verleihung des Büchner-Preises an ihn, der ahmt verzweifelt einen intellektuellen Einmischer nach, der mit Pasolini in Europa ausgestorben schien. Biermann denunzierte in seiner Rede den ostdeutschen Dichter Sascha Anderson, ohne Beweise für seine Nachrede anzutreten. Anderson, im Augenblick unter Rechtfertigungszwang, mit der Stasi nichts gemein gehabt zu haben, tut das Richtige: Er vertraut auf die Beweiskraft seiner Texte. In seinem jüngsten Lyrikband gibt es einen Text, in dem auf den italienischen Dichter, Filmer und politischen Polemiker Pasolini angespielt wird. Er beginnt mit der klassischen Lossagung vom ödipalen Konflikt, den Wolf Biermann zur Zeit mit dem dichterischen Nachwuchs Ostdeutschlands ausficht! Sascha Anderson schreibt in seinem Band unter dem Titel »Jewish Setjet«: »Um den Vater kaltzustellen, bin ich das Gesetz«[2]. Das ist der Akt der Revolte, eine Geste der poetischen Selbstermächtigung, die im lockeren Parlando gegen Schluß des Gedichts endet mit: »...endlich ruft P (das ist Pasolini, KWi) mich zum baden / gehn, und wie wir in der hitze der schilderung des geschehns / unsere jugend ausziehn, beginnt das zersprochene, ja zu sagen.«[3]

Ein Paradox wird Wort: die Zustimmung zum demontierten Sprechen. Das geht über alle Bemühungen Pasolinis weit hinaus, ruft aber doch das schüchtern aufgerufene Vorbild hier in die Rolle des dann abgestrittenen Vorbildes. Das ist eine Demontage, die den eigenen Widerspruch, einmal zugelassen, produktiv macht. Pasolini hat in seiner berühmten Sammlung ähnlich Kühnes unternommen, als er eingedenk des großen kommunistischen Philosophen Antonio Gramsci in Rom an dessen Grab die Eingebung zum Zyklus »Gramsci's Asche«[4] hatte. In einer Strophe heißt es da: »Dem Skandal, daß ich mir widerspreche, daß ich / mit dir und gegen dich bin: mit dir im Herzen, / im Licht, gegen dich in den dunklen Gedärmen.«[5] Diese Zeilen scheinen den Titel zu einem schönen Paradox eingegeben zu haben: Burkhard Kroebers Sammlung von Pasolini Gedichten, Geschichten, Polemiken und Bildern, die jetzt in der neuen, bemerkenswert ansprechend gestalteten Taschenbuchreihe »studio/dtv« herauskam. Wie sorgfältig auf die faßliche Lesbarkeit der Texte der Herausgeber gearbeitet hat, zeigen seine kleinen, behutsamen Eingriffe an jenen Stellen, die von den Vor-Übersetzern manchmal zu abstrakt gerieten. In diesem Fall der Hommage auf Gramsci war zuvor von »Schmach des Widerspruchs«[6] zu lesen, wo nun, lakonischer, genauer am Originaltext steht: »Dem Skandal, daß ich mir widerspreche«. Die poetische Person wird wieder eingeführt, des moralischen Selbsturteils entkleidet, ja, das Urteil wird gegen die Gesellschaft gekehrt, wenn richtig von »Skandal« statt von »Schmach« die Rede ist.

Hat die Vernunft ein Herz, oder nicht doch nur: der Vernünftige, die Vernunftbegabte? Der Titel der Zusammenstellung aus vielen Textsorten und Produktionszeiten des Dichters Pasolini behauptet ja nicht mit einem Zitat, der berühmte, berüchtigte Autor *sei* das Herz der Vernunft gewesen, was er selber sich auch abspräche. Aber, die Denkimpulse über einen kleinen Umweg durch das Herz zu schicken war eben die sowohl poetische wie politische Reibungskraft, die das Werk dieses multimedialen Talents auszeichnete.

Pasolini schrieb auf Mauern und auf Papier, auf Leinwand und auf Zelluloid, mit kalter »poetischer Wut«[7]

mischte er sich ein, wo immer das öffentliche Italien von ihm der Trägheit, der Rückständigkeit geziehen wurde. In seinem Herzen war Pasolini ein Erzieher, der volksbildend einwirken wollte, und zwar in erster Linie nicht auf die aufgeklärten Massen in den Metropolen, die ihn mit polarer Meinung lasen, sondern Pasolini hatte es auf die abgesehen, die im bürgerlichen Sinne noch nicht als Schicht, als Publikum formiert waren, die Armen, die Randständigen, die Analphabeten, die Bewohner der Dritten Welt, die er, zur Überraschung und Beschämung seiner Mitstreitenden im eigenen Lande, in den Zonen Südeuropas entdeckte. Als Adressat erfand sich Pasolini einen jungen Mann aus Neapel, an den er Briefe richtete, die über die überstürzten Veränderungen im italienischen Leben der 60er Jahre aufklärten. Die Briefe sind wie gesprochen. Sie würden heute als Kassetten für Tonbandgeräte verschickt. Die Stimme des Autors hatte ebensoviel Autorität kraft der erwiesenen, glaubwürdigen Solidarität mit seinen Adressaten wie seine Schrift, wie seine großen Leitartikel in den führenden Tageszeitungen.

Der Herausgeber des Bandes »Das Herz der Vernunft« bietet durch seine einsichtige Gliederung Passagen durch das pasolineske Werk. Die Abschnitte gelten den pädagogischen Briefen, den friaulischen Gedichten, den frühen Prosatexten der Erzählungen aus friaulanischer Jugend, den 50er Jahren in Rom mit der Poesie, dem Beginn notorischer Umstrittenheit mit dem Erscheinen der Romane zum elenden Leben der Vorstadtjugend in römischer Peripherie, schließlich den 60er Jahren mit den Polemiken zur Abtreibungsfrage, dem ökologischen Manifest zum Verschwinden der Glühwürmchen. Es folgen Ausschnitte aus den »Freibeuterschriften« und den »Lutherbriefen«, dann die von Carlo Baumgartner zusammengestellte Chronik der lebenslangen Verfolgung Pasolinis durch die Gerichte Italiens. Das Nachwort des

Herausgebers fragt: Wer war Pasolini? und die Notwendigkeit einer sachlichen Einschätzung stellt sich heute dringender denn je. Kroeber faßt den Punkt der politischen Einmischung auch als eine Besonderheit des homosexuellen Verlangens von Pasolini, der darin den alten Traum belebte, der Intellektuelle könne sich mit dem Volk, von dem er getrennt ist, vereinigen. Das ist ein sehr nützliches Buch, das in gleicher Form 1986 im Klaus Wagenbach Verlag erschien, dort aber vergriffen ist. Bedauerlich ist bloß, daß die dem Band beigegebene Bibliographie auf dem Stand von 1986 stehenblieb. Dabei ist gerade in jüngster Zeit Wichtiges wie die Briefe Pasolinis oder die Biographie von Nico Naldini, seinem Cousin, erschienen, anderes besonders günstig für das Taschenbuch in der Serie Piper übersetzt worden. Pasolinis »Herz der Vernunft« könnte das Winterbuch der Studierenden werden, die sich der sozialen Aufmerksamkeit verschreiben.

1 Pier Paolo Pasolini: Das Herz der Vernunft. Gedichte, Geschichten, Polemiken, Bilder, Hg. Burkhart Kroeber, München: dtv 1991, sowie: Berlin: Wagenbach 1986.
2 Sascha Anderson: Jewish Setjet, Berlin: Galrev 1991, S.44. Diese Zeile ist im Original gesperrt.
3 Ebd.
4 Vgl. Pier Paolo Pasolini: Gramsci's Asche. Gedichte Italienisch / Deutsch, München: Piper 1984, S.84-107.
5 Pier Paolo Pasolini: Das Herz der Vernunft, a.a.O., S.72.
6 Pier Paolo Pasolini: Gramsci's Asche, a.a.O., S.93.
7 Pier Paolo Pasolini: Fragment an den Tod, in: Ders.: Unter freiem Himmel. Ausgewählte Gedichte, Berlin: Wagenbach 1982, S.87.

Öl ins Feuer

Pasolinis »Petrolio«. Eine Notiz

I.

Von diesem Autor hat man, solange er lebte, das Schlimmste erwartet. Jeder Film, jeder Essay, auch viele seiner Gedichte sprengten das Genre, in dem sie sich bewegen sollten. Aus dem ewigen enfant terrible Pasolini wurde in der Wirkungsgeschichte nach seinem Tod ein schrecklicher Vater, einschüchternd für die einen, klassisch für die anderen. In dem Maße, wie sein Werk der italienischen Öffentlichkeit entschwand, wirkte es in Zirkeln der Theoriebildung. Das Schlimmste, das man nach *Salò* nicht mehr zu vergegenwärtigen hatte, schien nun gebändigt in den akademischen Analysen, die haupt- und nebensächlich in den USA entstanden.

Mit der Nachlaßveröffentlichung von »Petrolio«[1] kehrte der Schrecken, durch keinen Spiegel im Medusenblick gebannt, zurück. Pasolinis Prosawerk wurde um eine umgreifend neue Dimension bereichert. Die Befreiungsutopie der friaulanischen Zeit von »Der Traum von einer Sache«[2] lag hinter dem Autor. Der Einfühlungsrealismus der römischen Romane, die die Peripherie als sozialen Raum entdeckten (»Ragazzi di vita«[3] und »Una vita violenta«[4]) war überwunden. Die kleinen Romane »La Divina Mimesis«[5] und »Amado Mio«[6] übten sich in einer Kompassion, die der Autor am Ende seines Schreibens gründlich verwarf. Mit »Petrolio« löste er sich von den Affekten der Sehnsucht, der Anbindung an eine Landschaft, an ein Lebensalter, an das Geschlecht der jungen Männer. Die politische Hoffnung wich seiner »schwarzen poetischen Wut«[7], wie es in einem der Gedichte hieß.

Wenn denn Pasolini die erotische Verstrickung in die immerwährende Verheißung der Jugend verwarf, als er denn mit dem unverhohlen autobiographischen Schreiben aufhörte, wie es den Anschein hat, dann ist »Petrolio« im Wortsinn sein Traum von einer »Sache«. Hatte er, einem Zitat des jungen Marx folgend, in den 50er Jahren in seinem Roman zur Landarbeiterbewegung eher den »Traum« betont, der, marxisch betrieben, die Erfüllung der »Sache« nach sich zöge, so setzte er im nachgelassenen Roman die Sache in den Mittelpunkt, die traumlos und geheimnislos ist und somit einen Liquiditionstraum der Finanzgewalt verkörpert, nicht mehr, eher weniger.

Je stärker sich der Autor von seinen mächtigen Gefühlen trennt, desto sachlicher entfaltet sich, jenseits aller geübten Kompassion, sein Roman. Was die Öffentlichkeit nach *Salò* als das Schlimmste bewältigt wähnte, trat erst mit der Überraschung »Petrolio« ein. Strategisch kühl wie nur Musil entwarf Pasolini ein Zeitpanorama eines Landes ohne Eigenschaften, einer Gesellschaft ohne Klassenbewußtsein und einer ungerichteten Geschlechtlichkeit.

In diesem Steinbruch einer umfassenden Vision Italiens in der Umbruchzeit 1950-1970 steckt zwischen dem unbehauenen Material, den groben Brocken der Eingang zu den Minen der Literarizität. Die große Kunstanstrengung, die Pasolini unternahm, scheint bloß einer Rhetorik des Barbarischen zu folgen, tatsächlich liegt in der Brisanz, mit der das bearbeitete Gestein in diesem Bruch einem um die Ohren fliegt, eine gehörige Dimension der literarischen wie der literaturtheoretischen Tradition. Dante ist präsent, Laurence Sterne wird aufgerufen. Proust erfährt einen Widerspruch. Viktor Schklovskij mäandert durch die selbstreflexiven Passagen.

Die zitierten Träger von Tradition taugen nun nicht als Geländer, das bei einer Promenade durch »Petrolio« Sicherheit verspräche. Pasolini nimmt sie auf und verstößt sie wieder. Er hat die Lektion des André Bazin vom »cinéma impur«, vom »unreinen Kino«[8], und damit eine Ästhetik des Amalgams verstanden.

»Petrolio« folgt dem Erzählprinzip der »offenen Stellen«. Die Sexualität, die Kunst, die Wirtschaft, das tägliche Leben und seine Deformationen im Medium der visionären, der polemischen, der sarkastischen Sprache Pasolinis greifen aus seinem literarischen, politischen und filmischen Werk die offenen Stellen am Gesellschafts-Körper an. Das liegt oft an der Schmerzgrenze zwischen individueller und sozialer Erfahrung. Das schneidet in Trommelfelle und Augäpfel ein wie nur der Film *Salò* es tat.

Die Lesenden sind es, die durch die Höllenkreise geführt werden: über tückisches Terrain und über das Pasolini-typische Gelände. Alles kommt zu Gehör, freilich in Segmenten, in Schneisen, in Irrwegen und Hoffnungs-Pfaden. Nicht nur die Lesenden verlieren sich auf diesem Weg, für den sie keine Reiseversicherung abschließen können. Auch der Autor strandet. Aber der weiß sich auch in dieser Lage zu bewegen.

»Ein Autor kann nichts anderes sein als ein Fremder in feindlichem Land ...« (»Un autore non può che essere un estraneo in una terra ostile ...«), notierte Pasolini in seinen »Ketzererfahrungen« (1972)[9], zu einem Zeitpunkt, als er schon in Chia, seinem mittelalterlichen Turm saß und »Petrolio« skizzierte.

2.

Die Arbeit an »Petrolio«, dessen Titel den Erfahrungsstrom des Romans: das Erdöl, kombiniert mit der Erzählstruktur nach dem »Satyricon« des römischen Petronius, war im letzten Lebensjahr des Autors ein offenes Geheimnis. In einem Gespräch mit der Turiner Zeitung

STAMPA SERA gab Pasolini sein Vorhaben so bekannt, als wollte er es noch verdeckt halten:
»… es genügt, wenn man weiß, daß es eine Art ›Summa‹ aller meiner Erfahrungen, aller meiner Erinnerungen ist.«[10]

Genügt es, von »summa« zu reden? Oder wäre es nicht angemessen, von literarischem »Testament«[11] zu reden, wie in dem die Edition des Romans beschließenden Brief an Alberto Moravia betont wird?

2.000 Seiten Manuskript hatte der Autor veranschlagt; was nun, fast zwanzig Jahre nach dem gewaltsamen Tod Pasolinis, aus dem Nachlaß vorliegt, ist ein Torso; wenig mehr als ein Viertel des Romans, den in jeder Dimension gewaltig zu nennen keine Übertreibung darstellt.

Der Schriftsteller Paolo Volponi, ein langjähriger Weggefährte Pasolinis, der als Manager der Firma Olivetti sein Brot verdiente, versorgte den Freund während der Niederschrift von »Petrolio« mit akuten Einzelheiten. Von Volponi erfuhr Pasolini vertrauliche Einsichten in die Struktur wirtschaftspolitischer Entscheidungen in Italien. Seine letzte Begegnung mit diesem Gewährsmann, dessen Romane er als Kritiker würdigte, ist überliefert in Nico Naldinis Biographie:

»Ich arbeite an einem Roman. Es soll ein langer Roman werden, mindestens zweitausend Seiten. Der Titel wird sein: ›Petrolio‹. Er handelt von allen Problemen der letzten zwanzig Jahre unseres politischen, administrativen Lebens in Italien, der Krise unserer Republik: mit dem Erdöl im Hintergrund als großem Protagonisten der internationalen Arbeitsteilung, der Welt des Kapitals, das ja diese Krise bestimmt, unsere Leiden, unsere Unreife, unsere Schwächen, und zugleich den Untertanenzustand unseres Bürgertums, unseres anmaßenden Neokapitalismus. Alles wird darin vorkommen, und es wird mehrere Hauptpersonen geben. Aber die wirkliche Hauptfigur wird ein Industriemanager in Krise sein.«[12]

3.

Diese Krise berührt in ihrer Ausdehnung die individuellen Körper wie den *corps social* in seiner Gesamtverfaßtheit. Sinnbild der Krise wird die Erschütterung, die dem Industriemanager Carlo zuteil wird. Nicht nur erleidet er die Aufspaltung in die Personen Carlo I und Carlo II; überdies wird ihm eine Geschlechtsumwandlung zugemutet. Carlo I führt seine Abspaltung Carlo II in herkömmlicher Herr-und-Knecht-Dialektik an der Leine. Herrentum nährt sich aus Sklavenhaltung. Nicht die Selbsterhebung der Macht ist in »Petrolio« grenzenlos, sondern die Selbsterniedrigung der Machtlosigkeit. Ging es in Pasolinis frühen Romanen wie »Der Traum von einer Sache«, »Ragazzi di vita« oder »Vita Violenta« noch um eine zögernd vollzogene Ablösung vom Neo-Realismus, hat der Autor im Spätwerk zur nicht-realistischen Form antiker Klage gefunden. Sein Text zur Peripherie gegen Ende des Romans klingt wie ein Trauergesang: »*Nicht mehr*«[13] ist sein Refrain. Was in den hochgeschätzten »Freibeuterschriften«[14] einst anklägerisches Leitartikeln war, fand in »Petrolio« zur lauten Lamentation. Mit ihr nahm Pasolini auch Abschied von der Zeitgenossenschaft, von seiner ausgereizten Rolle der politischen Selbstüberforderung. Diese Klage über die allgemeine Verstrickung, sei's in die Korruption, sei's in die langen Haare, ist eine Abrechnung, eine Verwerfung. Viel weiter konnte sie nicht gehen: es sei denn in das Verstummen.

Im Textabschnitt, überschrieben »Merda« (»Scheiße«)[15] kommt Pasolinis Verve in Form. Er entwarf darin einen Höllenkreis der Häßlichkeit, die zu überwinden, zu vernichten er seiner eindringlichsten Beschreibungskunst zumaß. Ein Inventar der physischen Gebrechen und Deformationen wird erstellt, das an die geblähten Bäuche, die Zahnlücken, die Amputationen der Figuren aus Pasolinis

Filmen gemahnt. Das einst grotesk Entworfene findet nun sein Phantombild. Hier, daran kann kein Zweifel sein, geht es Pasolini nicht mehr um eine Einlösung der Bachtinschen Karnevals-Theorie[16], hier geht es ihm um die Befestigung seiner Vision. »Das Theater meines Kopfes folgt *nicht* der Realität, sondern den Spielregeln *meiner* Vernunft«,[17] verkündet der Erzähler.

Bei allem Hang zur Heiligung, noch der exzessivsten Form geübter Sexualität, die in der deutschen Kritik zu »Petrolio« vorliegt, ist doch kaum die Auffälligkeit bedacht, wie in diesem Roman, der eine Lebens-Summe sein will, ein Geschlecht ohne Eigenschaften gefeiert wird. Das Höllische an diesem Höllenkreis ist die Abwesenheit der Frauen. Dahin die Leuchtspur der Erinnerung an die großen Gestalten Anna Magnani als Mamma Roma, Laura Betti als Magd, Silvana Mangano als Herrin in *Teorema*. Dagegen ist »Petrolio« eine entschieden eisige, exklusive Männer-Phantasie. Nicht Frauen finden hier Einlaß; weder zur Macht, noch zur Ohnmacht. Am Rande ist von ihrer inzestuös bedingten Opfer-Rolle die Rede.

Aber die Imagination bedient sich einer deformierten Vorstellung von gesellschaftlichen Rollen der Frauen: Carlo II wird einem Transformationsakt seines Körpers, der Frau-Werdung unterworfen.

In einer Zeit, in der Pasolini gierig den Theorieschub der Pariser Meister-Denker in sich aufnahm, schrieb Felix Guattari im einem Kommentar »Zur Mikro-Politik des Wunsches«:

»Alles, was irgendetwas zerschlägt, alles, was mit der etablierten Ordnung bricht, hat etwas mit der Homosexualität zu tun oder mit einem Tier-Werden, einem Frau-Werden...«[18]

Bedeutsam an diesem Entwurf ist der Versuch zur Rebarbarisierung, die das Tier, die Frau und den Homosexuellen in einen zwingenden Zusammenhang versetzt. Was ist die Bedeutung von Pasolinis Männerphantasie, die sich jenem Entwurf nahe weiß? Eine andere Wunde, eine »offene« Stelle. Sie wäre zu bedenken, nicht zu verkleben. Das Kapitel »Wiese«[19], aus dem die italienische Presse in Vorabdrucken die radikale Sexualität zur puren Pornographie zu entstellen suchte, übt sich in einer, selbst bei diesem Autor unerwartet unerbittlichen Technizität. Erinnert man sich an die friaulischen Gedichte, die frühe Prosa von »Amado Mio«, dann war noch die ausschweifende Phantasie in den ästhetischen Rahmen von Natur eingespannt. Nicht die Beschreibung sexueller Akte im Nachlaßroman ist der Skandal: die nicht endenwollende Wiederholung ist es. Wo ein Harold Brodkey spektakulär in seiner Erzählung (»Innocence«[20]) Sex als Theater der inneren Empfindung beschrieb, registriert Pasolini die schiere Äußerlichkeit der Akte, die als ein Arsenal sich repetierender Gesten festgehalten werden. Es ist eine Wahl, auf vierzig Seiten einen Cunnilingus als privaten Akt darzubieten; es ist eine andere Wahl, auf vierzig Seiten die Sexualität des Paares in gleichförmige Paarungen unter dem Widerholungszwang zur Fellatio zu treiben. Pasolinis »Wiese« ist kein Spielplatz. Sie ist ein Schlachtfeld, auf dem es nur Verlierer geben kann.

4.

Die Prosa in »Petrolio« lebt von den Umständen ihrer Niederschrift. Bestimmend ist der Registerwechsel. Die protokollarische Beschreibung wechselt mit einer überbordenden Vision. Die hingeworfenen, doch genau gesetzten Telegramm-Notizen (im Abschnitt »Die Argonauten, Buch IV«) werden konterkariert durch hypotaktische Ausschweifungen. Kein Kunstgriff ist dem Autor fremd: ausgenommen jene Adressen an Lesende, die zur wohlgefälligen Einstimmung, zum Einklang einer Komplizenschaft ungeeignet sind. Manchmal ist der Autor ein Voyeur im Mantel der Nacht, der halb offen, halb versteckt seine Entdeckung wie sein Entdecktwerden sucht. Hastig schießt er Szenen wie auf Polaroid-Fotos, die nichts beweisen außer ihrer Bestimmung, unter fremdem Blick zu verblassen.

Das Erdöl, gefördert vom italienischen Staatskonzern ENI, bleibt ein Faszinosum und eine Herausforderung im produktiven Umfeld Pasolinis. Dessen zweifellos bedeutendster Schüler, Bernardo Bertolucci, drehte eine Dokumentation: *La via del Petrolio* [21] (Der Weg des Erdöls). Der politisch engagierte Regisseur Francesco Rosi unternahm eine Recherche über das Attentat auf den ENI-Chef Enrico Mattei[22]. Möglicherweise ließ Pasolini sich von diesem fiktionalen Entwurf anregen. Aber seine Recherche sucht nicht nach dem Öl. »Petrolio«, dieses vielverzweigte, polyphone und auch vielsprachige Werk (das Texte in griechischer wie auch in japanischer Sprache in sich aufnehmen sollte) sucht danach, ein Kommunikations-Netz zu errichten, das über Grenzen geht. Die Pipeline ist dabei wichtiger als der Stoff, der sie durchströmt.

1 *Pier Paolo Pasolini: Petrolio, Turin: Einaudi 1992; deutsch: Petrolio, Berlin: Wagenbach 1994.*
2 *Vgl. Pier Paolo Pasolini: Il sogno di una cosa, Mailand: Garzanti 1962, deutsch: Der Traum von einer Sache, Berlin: Volk und Welt 1968, sowie: Frankfurt/M.: Fischer 1986.*
3 *Pier Paolo Pasolini: Ragazzi di vita, Mailand: Garzanti 1955, deutsch: Ragazzi di vita, Berlin: Wagenbach 1990.*
4 *Pier Paolo Pasolini: Una vita violenta, Mailand: Garzanti 1959, deutsch: Vita violenta, München: Piper 1963, sowie 1983.*
5 *Pier Paolo Pasolini: La Divina Mimesis, Turin: Einaudi 1975, deutsch: Barbarische Erinnerungen. La Divina Mimesis, Berlin: Wagenbach 1983.*
6 *Pier Paolo Pasolini: Amado mio. Preceduto da Atti impuri, Mailand: Garzanti 1982, deutsch: Amado mio. Zwei Romane über die Freundschaft, Berlin: Wagenbach 1984.*

7 Vgl. Pier Paolo Pasolini: Fragment an den Tod, in: Ders.: Unter freiem Himmel. Ausgewählte Gedichte, Berlin: Wagenbach 1982, S.87.
8 Vgl. André Bazin: Was ist Kino? Bausteine zur Theorie des Films, Hg. Hartmut Bitomsky, Harun Farocki u.a., Köln: DuMont 1975.
9 Pier Paolo Pasolini: Il cinema impopolare, in: Ders.: Empirismo eretico. Saggi, Mailand: Garzanti 1972, S.270, deutsch: Das unpopuläre Kino, in: Ketzererfahrungen. Empirismo eretico. Schriften zu Sprache, Literatur und Film, München: Hanser 1979, S.254.
10 Vgl. Aurelio Roncaglia: Philologische Anmerkung zur italienischen Ausgabe (1992). In: Pier Paolo Pasolini: Petrolio, a.a.O., S.687.
11 Vgl. Pier Paolo Pasolini: Brief an Alberto Moravia, undatiert, in: Ders.: Petrolio, a.a.O., S.662.
12 Paolo Volponi, zitiert nach: Nico Naldini: Pier Paolo Pasolini. Eine Biographie, Berlin: Wagenbach 1991, S.325.
13 Pier Paolo Pasolini: Anmerkung 124. Die neue Peripherie (IV), in: Ders.: Petrolio, a.a.O., S.606.
14 Pier Paolo Pasolini: Scritti corsari, Mailand: Garzanti 1975, deutsch: Ders.: Freibeuterschriften. Die Zerstörung der Kultur des Einzelnen durch die Konsumgesellschaft, Berlin: Wagenbach 1978.
15 Pier Paolo Pasolini: Petrolio, a.a.O., S.397ff.
16 Michael Bachtin: Literatur und Karneval. Zur Romantheorie und Lachkultur, München: Hanser 1969.
17 Vgl. Pier Paolo Pasolini: Petrolio, a.a.O., S.509. (Herv. v. KWi)
18 Félix Guattari: Sexualisierung im Umbruch, in: Mikro-Politik des Wunsches, Berlin: Merve 1977, S.80f.
19 Vgl. Pier Paolo Pasolini: Anmerkung 55. Die Wiese an der Villa Casilina, in: Ders.: Petrolio, a.a.O., S.244-281.
20 Harold Brodkey: Innocence, in: American Review, 16.2.1973, auch in: Ders.: Stories in an almost classical made, London: Picador, o.J., S.161-194.
21 Bernardo Bertolucci: La via del Petrolio, 3-tlg. Dokumentation f. RAI-TV, Italien 1965/66.
22 Francesco Rosi: Il caso Mattei, deutsch: Der Fall Mattei, Italien 1972.

Editorisches Nachwort

Ermutigt durch den Erfolg von »Lachende Erben, Toller Tag« und gedrängt von der wenigen, ihm noch verbleibenden Lebenszeit, hat Karsten Witte im Frühsommer 1995 die Idee zu diesem Buch gemeinsam mit dem Verleger Reinald Gußmann entwickelt. Den Titel »Die Körper des Ketzers« wollte Karsten Witte einer Pasolini-Biographie geben, die nicht zustande gekommen ist. In einer kurzen Ausführung zu diesem Projekt schrieb der Autor: »Pasolini spielte viele Rollen: Romancier, Poet, Theoretiker, Maler, Filmregisseur, Dramatiker, Lehrer und Leitartikler. Für jede Rolle inszenierte er einen neuen Körper.« Auch für die Beiträge und Aufsätze, die nun in diesem Buch versammelt sind, ist diese Sicht paradigmatisch, deshalb hat er sich für den Titel entschieden. Der Plural verweist auf die Facetten der Person Pasolinis und auf die immer wieder neu zusammenzudenkende Verschiedenheit der Felder, die er bearbeitete. Explizit ausgeführt findet sich dieser Ansatz Wittes in dem Text »Pasolini – der Traum von einer bösen Sache«.

Karsten Wittes Absicht war es, einen einleitenden, die Einzeltexte verbindenden Essay zu schreiben. Die Zeit blieb ihm nicht. Lediglich die erste Textauswahl konnte noch von ihm bewerkstelligt werden. Daran hält sich die vorliegende Ausgabe, nur den kurzen Text »Erotische und unmoralische Geschichten« habe ich hinzugefügt. Es ist der einzige, der sich mit Pasolinis Film-»Trilogie des Lebens« befaßt.

In diesem Buch sind sehr verschiedene Texte versammelt: wissenschaftliche Essays, Buchrezensionen und Filmkritiken für Zeitungen und Zeitschriften, Hörfunktexte, Texte für Theaterprogramme und ein Rundfunkgespräch. Die Reihenfolge ihrer Anordnung wurde vom

Autor nicht mehr bestimmt. Ich habe mich für eine chronologische Folge entschieden – gegen eine Ordnung nach Textsorten, die zwangsläufig eine Hierarchisierung der Texte bedeutet hätte. Das hat den Vorzug, die Auseinandersetzung Wittes mit Pasolini im Lauf der Zeit zu dokumentieren, und trägt den Produktionsbedingungen eines freien Autors Rechnung, der wenige, aber sehr unterschiedliche Publikationsformen zu bedienen hatte.

Von einigen Texten gibt es verschiedene Versionen, ich habe mich jeweils für die letzter Hand entschieden. Lediglich »Akte der Selbstverletzung« existiert in einer Hörfunk- und in einer Printfassung für die FRANKFURTER RUNDSCHAU. Hier habe ich das offenbar gekürzte Ende der ansonsten ausführlicheren Rundfunkversion durch den Schluß der Zeitungsversion ersetzt. Die Originaltexte sind nachgewiesen, und die Nahtstelle ist in einer Fußnote angemerkt.

Die hier versammelten Texte lagen als Typoskripte, Druckfassungen ohne Skript (bei Zeitungen/Zeitschriften) oder als Druckfahnen vor – teilweise mit handschriftlichen Einträgen des Autors versehen. Die nachträglichen Korrekturen wurden stillschweigend übernommen. Ebenfalls stillschweigend wurden offensichtliche Übertragungsfehler vom Typoskript in die Druckfassung sowie offensichtliche Fehler in Orthographie und Interpunktion korrigiert. Hierbei hat mich Christine Noll Brinckmann beraten.

Soweit in den Texten für Tages- und Wochenzeitungen oder für den Hörfunk Zitate nicht belegt waren, wurden diese nachgewiesen. Dies soll der Erschließung der Texte dienlich sein. Die ergänzenden Herausgeber-Anmerkungen sind in Kursiv-, die Original-Anmerkungen Karsten Wittes in Normal-Schrift gesetzt.

Dieses Buch wäre nicht entstanden ohne die Hilfe von Cornelia Betz, die sich am besten im Nachlaß von Karsten

Witte auskennt. Dank auch an den Pasolini-Kenner Bernhard Groß, der das Konvolut durchgesehen und geprüft hat, sowie an die Stiftung Deutsche Kinemathek, in der sich Karsten Wittes Nachlaß befindet.

Ich möchte dieses Buch Jochen Witte widmen.

Berlin, im Juli 1998
Rainer Herrn

Nachweise der Erstveröffentlichung

1) Erotische und unmoralische Geschichten (HR 2 / Hessischer Rundfunk, Das Prisma, 9.10.1974)

2) Ketzer und Kapuziner. Pier Paolo Pasolinis »Freibeuterschriften« (Frankfurter Rundschau, 10.3.1979)

3) Siciliano über Pasolini (o.T., Frankfurter Rundschau, 2.8.1980)

4) Akte der Selbstverletzung. P. P. Pasolinis »Ketzererfahrungen« (Frankfurter Rundschau, 13.10.1980; HR 2 / Hessischer Rundfunk, 21.2.1980)

5) Pier Paolo Pasolini: »Chaos. Gegen den Terror« (HR 2 / Hessischer Rundfunk, 31.12.1981)

6) Unter Leidensgenossen. Wieder im Kino: Pier Paolo Pasolinis erster Film *Accattone* (Die Zeit, 7.12.82)

7) Pasolini – der Traum von einer bösen Sache, in: Pier Paolo Pasolini – Wiederkehr eines Mythos?, Programmheft einer Veranstaltungsreihe des TAT / Theater am Turm, Frankfurt/M., 24.5.-13.6.1983)

8) Das Erfinden einer neuen Schönheit. Pasolini – Körper/Orte (Medium, 14.Jg., No.5, Mai 1984)

9) Jungmänneridyll. Pasolinis Nachlaßerzählung »Amado Mio« (Frankfurter Rundschau, 3.10.1984)

10) Uccellacci e uccellini oder »Pasolinis Zauberflöte« (Text zur Inszenierung von »Uccellacci e uccellini« des Teatro due di Parma, TAT/Theater am Turm, Frankfurt/M., 12.-19.1.1985.

11) Der vierunddreißigste Prozeß. Houchang Allahyaris Film *Pasolini inszeniert seinen Tod*: Mythologisierung, Kitsch, Gewalt (Der Falter, Nr.23, Wien, Juni 1985)

12) Elegie der Verlierer. *Mamma Roma* von Pier Paolo Pasolini, mit Anna Magnani (Die Zeit, 8.11.1985)

13) Pasolinis Werk, Pasolinis Tod (epd Film, 12/1986)

14) Zur Uraufführung der Oper »Pier Paolo« von Walter Haupt (Staatstheater Kassel, 23.5.1987)

15) Kennwort »Pasolini«. Ein Dialog zwischen Gert Mattenklott und Karsten Witte (Kraft der Vergangenheit. Zu Motiven der Filme von

Pier Paolo Pasolini, Hg. Christoph Klimke, Frankfurt/M.: Fischer 1988, S. 97-116)

16) Die Kosmogonie eines Autors. *La rabbia* von Pier Paolo Pasolini (Freibeuter. Vierteljahrszeitschrift für Kultur und Politik, Nr.42, 1990, S.98-104)

17) Spiele vom Toten Mann. Pasolinis »Ragazzi di vita« erstmals in deutscher Übersetzung (Frankfurter Rundschau, 11/1990)

18) Nico Naldini. Schriftsteller, Biograph, Herausgeber (o.T., Literaturhaus Berlin, Literaturhaus Hamburg 3.6./5.6.1991)

19) Den Schriftkörper lesen. Pier Paolo Pasolini: Seine Briefe und eine neue Biographie (Frankfurter Rundschau, 17.8.1991)

20) Pier Paolo Pasolini: »Das Herz der Vernunft« (RB 2/Radio Bremen, Büchermagazin, 10.11.1991)

21) Öl ins Feuer. Pasolinis »Petrolio«. Eine Notiz (Freibeuter. Vierteljahrszeitschrift für Kultur und Politik, Nr.62, 1994, S.39-44)

Ein Verzeichnis der ins Deutsche übersetzten Werke Pasolinis findet sich in: Thomas Blume: Pier Paolo Pasolini. Bibliographie 1963-1994, Essen: Die Blaue Eule 1994, S. 20-23.

Eine ausführliche Filmographie findet sich in: Pier Paolo Pasolini. Dokumente zur Rezeption seiner Filme in der deutschsprachigen Filmkritik 1963-85, Hg. Freunde der Deutschen Kinemathek e.V., Heft 84, Berlin, Okt. 1994.